図解不動産業

建物賃貸借トラブルの実例と解決 改訂版

宅建業法、民法、借地借家法の観点から
建物賃貸借のトラブルをマンガで解説!

村川 隆生 著　藤井 龍二 画
財団法人　不動産適正取引推進機構　監修

住宅新報社

はしがき

本書は平成二十二年十二月に刊行されましたが、出版以来、多くの皆様にご購読いただき心から感謝申し上げます。このたび、改訂版を出版することになりました。民法、借地借家法等の法律についての改正はありませんが、平成二十三年八月に国土交通省の「原状回復をめぐるトラブルとガイドライン」の再改訂版が公表されました。再改訂版においては、経過年数の考え方が修正され、壁クロス等の内装材については、6年の経過により残存価値が10%になる考え方から、6年の経過で残存価値が1円となる考え方に修正され、各設備機器については、設備機器の対応年数に応じて経過年数を考慮する考え方に修正しています。また、損耗・毀損の事例区分一覧表（別表1）の「タバコのヤニ・臭い」について、喫煙等によりクロス等がヤニで変色したり臭いが付着している場合は、通常の使用による汚損を超えるものと判断される場合が多いと考えられるとして賃借人負担の欄に記載されるなどの変更がなされています。本書改訂版では、敷金精算トラブルの事例について、原状回復ガイドライン再改訂版のこれらの考え方を踏まえて一部修正するとともに、その他の一部の事例の解説についても、より適切な表現に書き改めました。

本書がトラブルの未然防止、トラブルの解決に少しでも寄与できましたら幸いです。

平成二十五年一月

村川　隆生

建物賃貸借トラブルの実例と解決

目次

■第1章　建物賃貸借契約のあらまし

■第2章　「申込み」から「契約」まで

第3章 「契約の成立」から「入居」まで

第4章　重要事項説明に関するもの

第5章の1　契約（入居）期間中～修繕義務に関するもの～

第5章の2 契約（入居）期間中～契約の更新・解除に関するもの～

第6章　契約の終了・明渡し・敷金精算

第1章

建物賃貸借契約のあらまし

1 賃貸借契約と宅建業法の適用

（1）宅建業法の適用は媒介・代理だけ

【宅建業法2条2号】

宅地建物取引業　宅地若しくは建物（建物の一部を含む）の売買若しくは交換又は宅地若しくは建物の売買、交換若しくは貸借の代理若しくは媒介をする行為で業として行なうものをいう。

宅建業法では、このように貸借について、その代理または媒介を行う場合についてのみ適用の対象としています。

貸借には、借主が賃料を支払って使用収益する賃貸借と無償で使用収益する使用貸借がありますが、使用貸借の代理・媒介の場合も宅建業法の適用があります。

（2）媒介と代理の相違

媒介とは、委託者（貸主または借主）から媒介の依頼を受けて契約の成立に向けて尽力する行為をいいます。契約を締結する権限までは付与されていませんので、契約を締結するのは貸主や借主自身です。一方、代理の場合、代理人に対して契約を締結する権限が与えられ、委託を受けた宅建業者は委託者に代わって契約を締結することができます。しかし、書面による委託契約が締結されておらず、代理権限の存在が不明朗なものが見受けられます。代理行為を行う場合は、委託者との間で代理権の範囲を明確にした代理委託契約を締結しておく必要があります。

アトラス不動産
先輩、貸主には宅建業法は適用されないのですね
そう、適用となるのは宅地もしくは建物の貸借の代理、もしくは媒介をする行為だ
貸主、借主そして我々宅建業者の関係はこうだ
貸主が宅建業者であっても
貸主には宅建業法の適用はない
貸主
借主
建物賃貸借契約
媒介
（仲介）
媒介契約
宅建業者
（媒介業者）
貸借において
宅建業法は媒介、
代理についてのみ
適用される

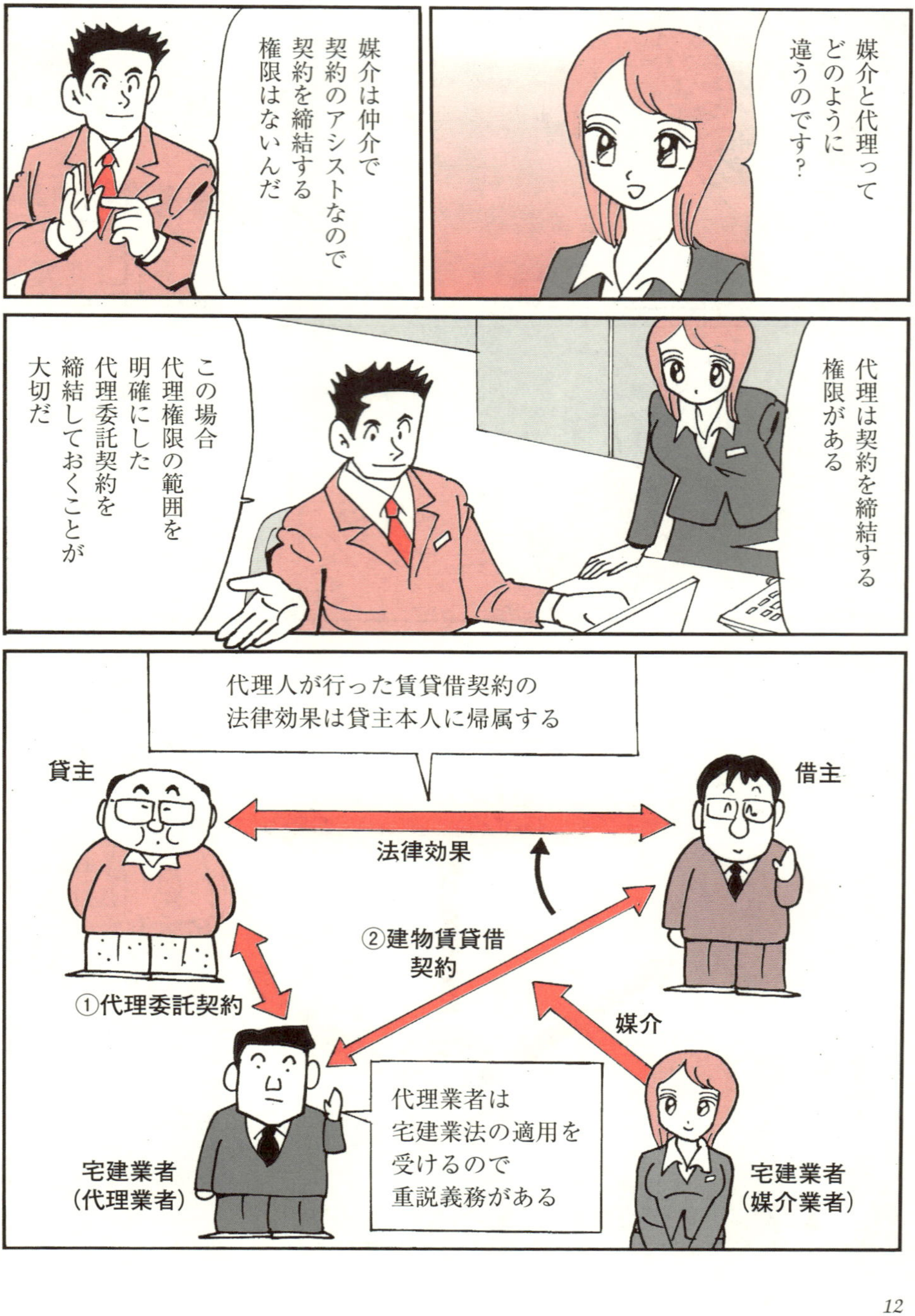
媒介と代理ってどのように違うのです？
媒介は仲介のアシストなので契約を締結する権限はないんだ
代理は契約を締結する権限がある
この場合代理権限の範囲を明確にした代理委託契約を締結しておくことが大切だ
代理人が行った賃貸借契約の法律効果は貸主本人に帰属する
貸主
借主
法律効果
②建物賃貸借契約
①代理委託契約
媒介
代理業者は宅建業法の適用を受けるので重説義務がある
宅建業者（代理業者）
宅建業者（媒介業者）

2 建物賃貸借契約と登場人物

建物の賃貸借では、契約から明渡しまでに多くの人（会社）が関与します。

○宅建業者＝媒介業者・代理業者

賃貸人（以下「貸主」という）が直接賃貸する場合もありますが、通常は宅地建物取引業者（以下「宅建業者」という）に媒介を依頼して賃借人（以下「借主」という）を探してもらいます。媒介業者は1社とは限らず、元付業者、客付業者の2社が関与することも多くあります。

○管理業者

管理を貸主が自ら行う（自主管理）こともありますが、貸主の多くは管理会社に管理を委託しています。

○連帯保証人・賃料保証会社

一般に、貸主は賃貸条件として借主に連帯保証人を付けることを求めますが、賃料保証会社との保証委託契約の締結を条件とすることも多くあります。

○保険会社

貸主は、借主の入居期間中の不測の事故等に備えて、借主に保険会社との火災保険、借家人賠償保険等の契約を義務付けるのが一般的です。

○リフォーム業者

入居期間中に生じた建物・設備等の不具合の補修工事を行ったり、建物明渡し時の原状回復費用の見積り、原状回復工事を行います。

建物の賃貸借では
契約から明渡し
までに
多くの人や会社が
関わりますね

ざっと見ても
下のように
なるね

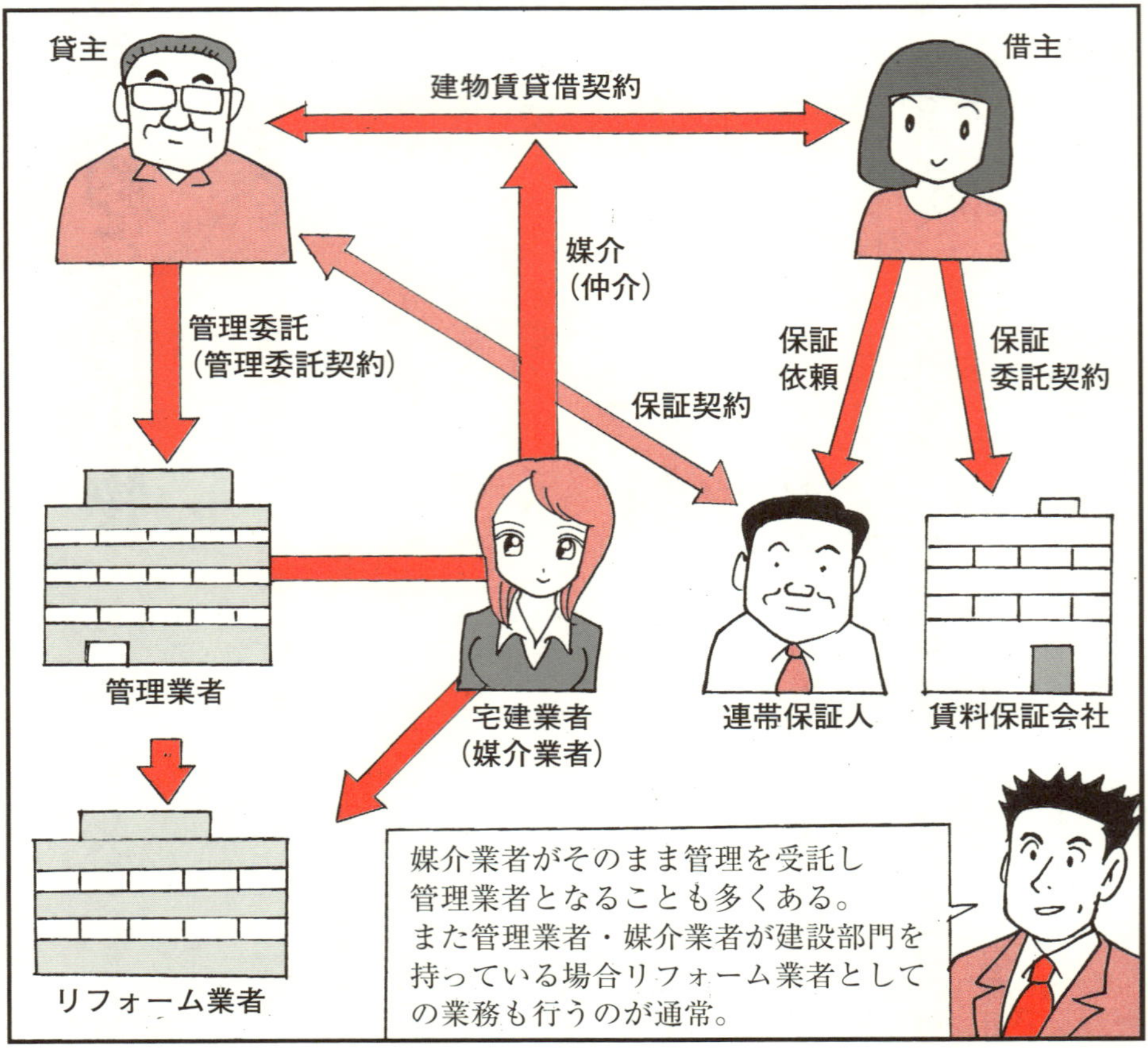
貸主
借主
建物賃貸借契約
媒介
(仲介)
管理委託
(管理委託契約)
保証契約
保証
依頼
保証
委託契約
管理業者
宅建業者
(媒介業者)
連帯保証人
賃料保証会社
リフォーム業者
媒介業者がそのまま管理を受託し
管理業者となることも多くある。
また管理業者・媒介業者が建設部門を
持っている場合リフォーム業者として
の業務も行うのが通常。

我々は貸主から依頼された物件の借主を探す仲介業者だ
代理業者になることもありますね
仲介業者は1社とは限らず元付業者、客付業者の2社になることもある
管理業者は貸主が管理を委託した管理会社だ
○○住宅管理株式会社
一般に貸主は借主に連帯保証人を求めるが、最近は賃料保証会社と保証委託契約を求めることが多くなっている
貸主は借主の入居期間中の不測の事態に備え保険会社との契約締結を義務づけてますね
失火や水漏れ事故などに備えて借主には保険に入ってもらっている

3 サブリースと転借人の保護

サブリースによる賃貸借は、所有者である貸主が消費者に直接賃貸せずに、事業者との間で転貸を前提とした建物賃貸借契約（「サブリース原契約」）を締結し、当該事業者が貸主（転貸人）としてさらに賃貸（転貸）するものです。したがって、建物所有者である本来の貸主（建物所有者）と入居者である借主（転借人）との間には、直接の賃貸借契約関係はありません。

建物の所有者は、サブリースの形態により建物一棟をまるごと法人に賃貸することにより、借主を募集するわずらわしさもなく、空室の有無にかかわらず賃料収入を得ることができますので、安定的な賃貸経営が可能になります。

しかし、転借人である借主は、転貸人である貸主と建物所有者との賃貸借契約が何らかの事情（転貸人の倒産等）により消滅した場合、転貸人と転借人との間の賃貸借契約も消滅することになり、転借人は退去を余儀なくされてしまうというリスクを負っていることに注意が必要です。

この点につき、『新しいサブリース原賃貸借契約書』（平成13年12月、財団法人日本賃貸住宅管理協会刊。編著／サブリース原契約書検討委員会。監修／国土交通省住宅局マンション管理対策室）では、「本契約が理由のいかんにかかわらず終了した場合には、貸主は借主の転貸人の地位を当然に承継する」旨の特約を入れ、転借人である消費者の保護を図ることが必要であるとの考え方を示しています。

最近よくサブリースという言葉を聞きます
そうだね簡単にいうと事業者が建物を所有者から借りてそれを転貸する賃貸借の形態だ
つまりは本来の貸主と借主の間には賃貸借契約の関係がないのですね
貸主は建物一棟をまるごと賃貸するから安定的な賃貸経営ができるわけだ
借主
貸主
（転貸人）
わが社におまかせ
①建物賃貸借契約
（サブリース原契約）
②建物賃貸借契約
（建物転貸借契約）
安定収入♡
いい部屋
賃貸借契約はなし
貸主
（建物所有者）
借主
（転借人）

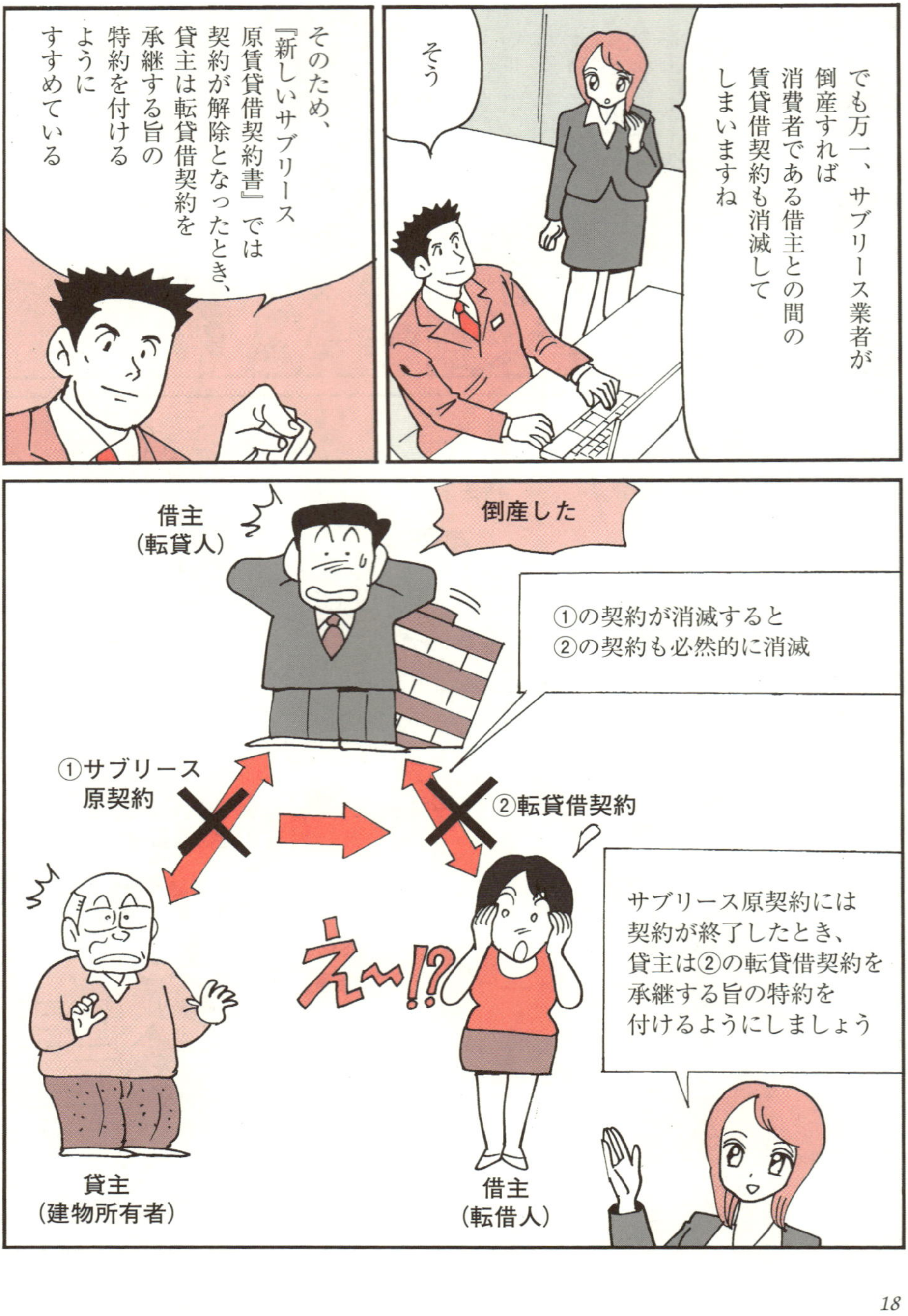
でも万一、サブリース業者が倒産すれば消費者である借主との間の賃貸借契約も消滅してしまいますね
そう
そのため、『新しいサブリース原賃貸借契約書』では契約が解除となったとき、貸主は転貸借契約を承継する旨の特約を付けるようにすすめている
倒産した
借主（転貸人）
①の契約が消滅すると②の契約も必然的に消滅
①サブリース原契約
②転貸借契約
サブリース原契約には契約が終了したとき、貸主は②の転貸借契約を承継する旨の特約を付けるようにしましょう
え〜!?
貸主（建物所有者）
借主（転借人）

4 媒介業者・管理業者の業務とその範囲

貸主が宅建業者等の事業者であるときなどには、媒介業者を介さずに直接借主と賃貸借契約を締結することもありますが、一般には、宅建業者の媒介により取引が行われています。

一般的な取引の流れを図示すると次頁下のマンガのようになります。

(1) 媒介業者の業務と範囲

媒介をする宅建業者には宅建業法の適用がありますので、①申込みキャンセル時の申込金の返還、②契約成立前までの重要事項説明、③契約が成立したときの書面交付等の義務を果たさなければなりません。媒介業者の業務は、契約を成立させて、借主に賃貸建物の鍵を引き渡すことで終了します。

(2) 賃貸管理と管理業者の業務

「入居」から「明渡し」までは賃貸管理の問題となり、宅建業法の適用はありません。管理業務を貸主が自ら行う場合もありますが、貸主の多くは管理業者に管理を委託しています。管理業者の業務範囲は、管理委託契約の内容により決まります。しかし、現実には管理委託契約が締結されておらず、管理業者の業務範囲が不明確であることも多くあります。そのことがトラブルの原因であったり、トラブル解決の障害になることもあります。

管理業者として賃貸管理を行うときは、貸主と管理委託契約を締結のうえ、業務範囲を明確にして、適切な管理を行うことが必要です。

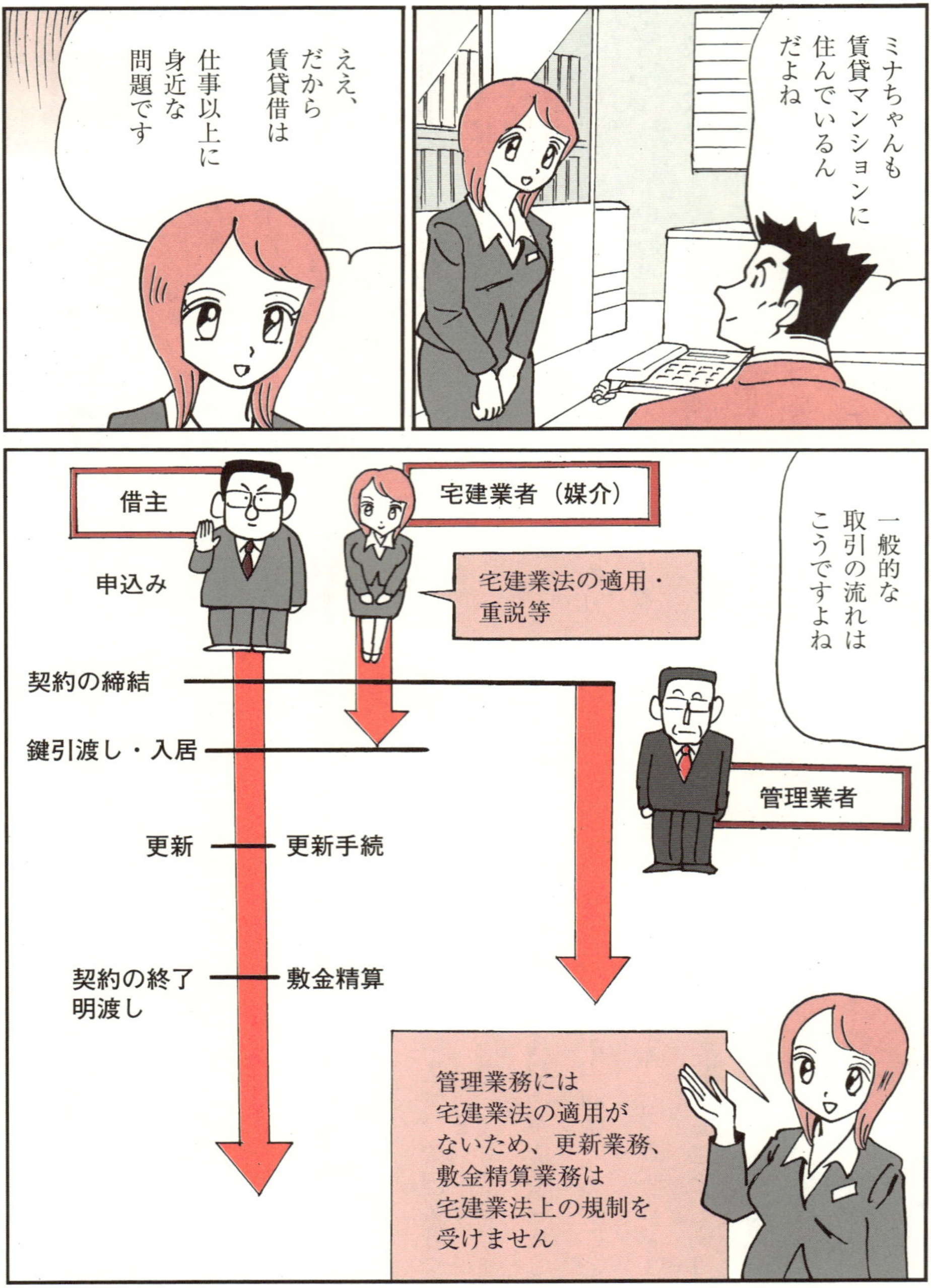
ミナちゃんも賃貸マンションに住んでいるんだよね
ええ、だから賃貸借は仕事以上に身近な問題です
一般的な取引の流れはこうですよね
借主
宅建業者（媒介）
申込み
宅建業法の適用・重説等
契約の締結
鍵引渡し・入居
管理業者
更新
更新手続
契約の終了
明渡し
敷金精算
管理業務には宅建業法の適用がないため、更新業務、敷金精算業務は宅建業法上の規制を受けません

貸主が直接借主と契約することもあるが、宅建業者が仲介に入ることが多いね
仲介業者には宅建業法の適用があります
申込みがキャンセルになったときの申込金の返還義務
契約成立前までの重要事項の説明
そして契約書面の交付などの義務がある
仲介業者の業務は借主に鍵を渡すことで終了する
入居から明渡しまでは管理業者の範囲になりますね
ところが管理業務の範囲があいまいなことが多く、トラブルの原因になっている
ギッ

5 普通建物賃貸借と定期建物賃貸借

建物の賃貸借契約には、①普通建物賃貸借契約と、借地借家法の改正（平成12年3月施行）で創設された②定期建物賃貸借契約の二種類があります。

(1) 普通建物賃貸借契約（普通借家契約）

契約期間が満了しても、借主が希望すれば原則として契約を更新して住み続けることができます。貸主は「正当な事由」がない限り、更新を拒絶したり、契約を解除することはできません。この点、借地借家法は借主の居住の安定を図るために、最大限に借主を保護しています。

(2) 定期建物賃貸借契約（定期借家契約）

定期借家契約を締結するときは、あらかじめ「締結する契約は更新がなく、期間の満了により終了する」旨の書面を交付して説明することが必要です。締結された定期借家契約は期間が満了すると必ず終了します。ただし、当事者間の合意で再契約することはできます。これは新たな契約であり更新ではありません。なお、普通借家契約では「更新しない」旨の特約は、無効となります。

(3) 定期建物賃貸借の活用

期間満了により必ず契約が終了しますので、貸主は安心して賃貸することができます。建物明渡しでのトラブルの心配がありません。特に、①一時的に賃貸したい（転勤等）、②売却の可能性がある（相続等）、③建替えの計画がある（老朽化、有効利用等）、④親族等を住まわせる予定があるなどのときに活用します。建物賃貸借における様々なトラブルの回避の面からも積極的な活用が期待されています。

建物の賃貸借契約には2種類あるんですね
「普通建物賃貸借契約」と「定期建物賃貸借契約」だ
どう違うのですか？
普通建物賃貸借契約は借主が希望すれば契約を更新して住み続けることができるものだ
一般の賃貸物件はこれですね
正当な理由がなければ更新拒絶はできないことになっている
平成12年に借地借家法が改正されてできたのが「定期建物賃貸借契約」というものだ

定期建物賃貸借契約は期間を決めて契約し、更新がないものなのですね

定期借家は契約の解除トラブルが起こりにくいことから、積極的に活用されることが期待されているんだ

借地借家法38条（定期建物賃貸借）

① 期間の定めがある建物の賃貸借をする場合においては、公正証書による等書面によって契約をするときに限り、第30条の規定にかかわらず、契約の更新がないこととする旨を定めることができる。以下略

② 前項の規定による建物の賃貸借をしようとするときは、建物の賃貸人は、あらかじめ、建物の賃借人に対し、同項の規定による建物の賃貸借は契約の更新がなく、期間の満了により当該建物の賃貸借は終了することについて、その旨を記載した書面を交付して説明しなければならない。

③～⑦ 略

その他の普通建物賃貸借と定期建物賃貸借の違い

① **1年未満の契約**

普通借家契約の場合、1年未満の契約は「期間の定めのない契約」とみなされる。

定期借家契約の場合は、1年未満の契約もできる。

② **契約期間中の借主からの解約**

普通借家の場合、中途解約に関する特約があるときは、その定めに従う。

定期借家の場合、「やむを得ない」事情があるときは解約の申入れができる。その場合、解約の申入れから1月を経過することにより契約が終了する。

（借地借家法38条5項）

6 建物賃貸借トラブルの概要

賃貸借契約は、貸主と借主との契約関係が長く継続します。この継続する契約関係のなかで、様々なトラブルが生じています。よくみられるトラブルを、⑴「申込み」から「入居」まで、⑵「入居期間中」、⑶「契約の終了・明渡し」の三つの場面に分けて整理すると次のようになります。

⑴「申込み」から「入居」まで

① 申込みの撤回と申込金の返還
② 入居審査と審査書類
③ 契約の拒否
④ 入居予定日に入居できない
⑤ 重要事項説明と実際との相違
⑥ 入居前の契約解除と支払金の精算　など

⑵「入居期間中」

① 建物・設備等の修繕と費用負担
② 賃料滞納と契約解除
③ 貸主事情による契約解除と立退き要求
④ 居住者のマナー違反、用法違反
⑤ 更新契約と条件変更
⑥ 更新料と更新手数料
⑦ 賃料の値上げ・値下げ要求
⑧ 借主の行方不明と残地物　など

⑶「契約の終了・明渡し」

① 賃料の精算
② 敷金精算　など

賃貸借契約は貸主と借主との契約期間が長期に続くことが多いからトラブルも生じやすいのですね
トラブルは入居前と契約期間中、契約終了の三つの場面に分けられる

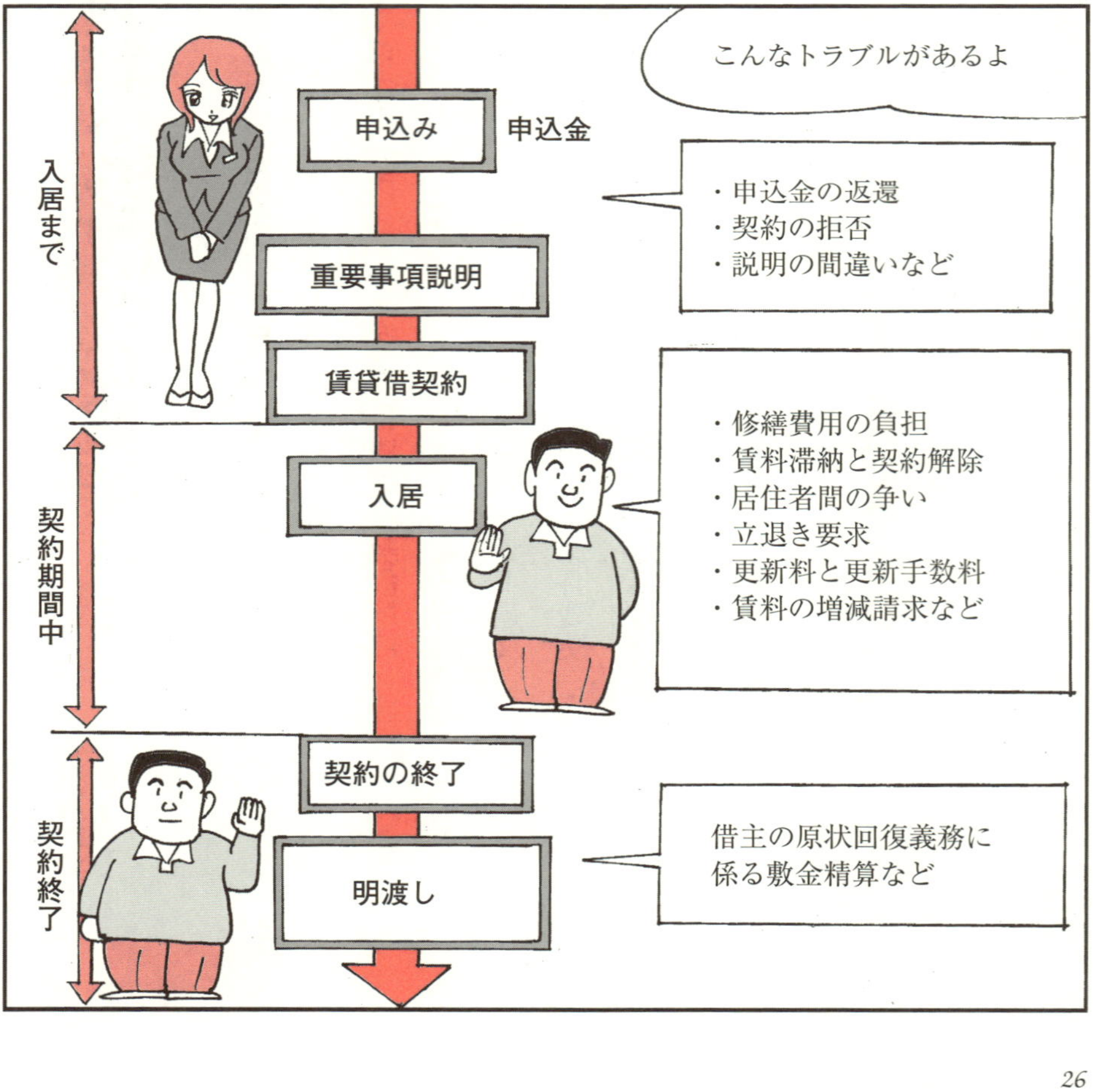
こんなトラブルがあるよ
入居まで
申込み
申込金
重要事項説明
賃貸借契約
・申込金の返還
・契約の拒否
・説明の間違いなど
契約期間中
入居
・修繕費用の負担
・賃料滞納と契約解除
・居住者間の争い
・立退き要求
・更新料と更新手数料
・賃料の増減請求など
契約終了
契約の終了
明渡し
借主の原状回復義務に係る敷金精算など

まず①入居まで
申込みの撤回と申込金の返還
契約の拒否
入居予定日に入居できない
重説と実際の相違
入居前の契約解除と支払金の精算など
②入居期間中
建物・設備等の修繕と費用負担
賃料滞納と契約解除
貸主事情による契約解除と立退き要求など
③契約の終了・明渡し
敷金の精算など

第2章

「申込み」から「契約」まで

1 申込みを受けたが契約済み物件だった

貸主と連絡がつかず、空室確認が取れない物件でしたが、顧客のAさんが「見るだけ見てみたい」と言うので案内しました。案内後、「申込みをしておきたい」と言います。そこで再度、貸主に電話を入れましたが、やはり連絡がつきませんでした。それでもAさんが申込みを希望するので、申込書を作成して貸主へＦＡＸしました。数時間後、貸主から「当該物件は本日契約が済んだ」と連絡がありました。Aさんは「申込みを受け付けておきながら、業者としての責任を果たしていない。物件探しのやり直しで宿泊も延長しなければならなくなった。損害分は負担してもらう」と強硬に主張され困っています。Aさんは甲県から来ていて、いくつかの業者を回っていました。

【解決へのアプローチ】

事例のAさんは、物件探しで疲れてもいたようです。そのようなこともあり、まだ契約可否の確認が取れていないことは承知のうえで、「何とかなるだろう、契約できるだろう」との思いで、申込書を提出したと思われます。ところが、一足違いで契約されてしまい、思惑が外れた……。

申込みを受ける際「確認ができず、契約交渉できるかどうかもわからない」旨を再度念押ししておけば、このようなAさんの主張はなかったと思われます。媒介業者には契約を成立させなければならない義務まではありませんので、Aさんに対して法的責任を負うものはありません。したがって、媒介業者に損害賠償義務はありません。

貸主と連絡がとれませんので後日――
上京中で時間がないんだよ。見るだけ見たい
ではご案内します
気に入った。申込書にサインする
でも貸主と連絡がとれません
なんとかなるんじゃないのか？よろしく頼むよ
では申込書をFAXしておきます
数時間後
え⁉
今日あの物件は契約が済んだ⁉
申込みを受け付けておいてそれはないだろう
物件探しにまた日数がかかる。損害分を出せ！

お客様
だれだ
あんた？
社の
責任者
です
業者の
責任を
果たして
もらい
たい！
我々、仲介業者には
契約を成立させなければ
ならない義務までは
ありません
法的責任は
負えません
よければ
他の物件を
紹介します
うーん
すみません
社長
申込みを
受ける際、
「確認ができず
契約交渉が
できるかどうか
わからない」と
念押しして
おけば
よかったな

2 入居審査による契約の拒絶

これまでに10件以上案内をしてきたBさんが、ようやく鉄筋コンクリート造5階建ての3階の部屋を気に入ったので、重要事項説明を行い申込書を受領しました。するとBさんは、「自分は静かな生活をしたい。周りの居住者の勤務先と家族構成を教えてほしい」と言うので断わると「建物の壁・床の厚さや遮音性能」などについて長時間にわたり質問を受けました。貸主に入居申込書を持参して、Bさんとのやり取り等について報告したところ、「今回はお断りしたい」とのことでした。契約できない旨をBさんに通知したところ、「契約しない理由を言え！」と繰り返し押しかけられて困っています。断りの理由まで説明する必要はないと考えますが……。

【解決へのアプローチ】

どのような借主に賃貸するかは、賃貸経営の大きなポイントであり、共同生活に適応できる人であることは大きな審査基準のひとつになります。

〝誰とどんな契約をするかの自由〟は貸主・借主の双方にあります（「契約自由の原則」）。

申込みを断るのに「正当な理由」が必要ということはありませんので、断る理由を告げる必要はありません。「入居（契約）をお断りする場合があります」と記載した入居申込書も多いと思われます。

Bさんは断られて納得できないのでしょうが、繰り返し店舗に押しかける行為は業務妨害ともなりかねません。毅然とした態度で対応することが必要と思われます。

気に入った
ほっ
これで10件以上案内したよ…
では重要事項の説明をさせてもらいます
私は静かなところで生活したいから周りの居住者の勤務先や家族構成を教えてほしい
それは個人情報ですのでできません
では建物の壁や床の厚さ遮音……について、くわしく教えてほしい
はあ…
——と、このような人が入居をしたいと…
う〜む面倒な人はお断りしたいね
なぜだ⁉
理由を教えろ！

おい！キミ説明したまえ！
うわっまただよ
これって営業妨害になりますよ
お客様、「だれとどんな契約をするかの自由」は貸主、借主の双方にあります
そうだろう！
つまり申込みを断る自由もあるということです
断るのに「正当な理由」は必要ではありません
申込書にも「入居（契約）をお断りする場合があります」と明記してあります
店舗にこれ以上押しかける行為は営業妨害ともなりかねません
どうぞお気をつけください
うっ

3 戸籍謄本の提出要求

朝からCさん夫婦を車に乗せて数物件を案内し、ようやく交通の便、環境とも希望条件に近い物件が見つかりました。事務所に帰り重要事項説明及び入居申込手続の説明を行い、入居申込書に記入が済んだところで、審査必要書類として、①現住所の住民票、②勤務先証明書、③収入証明書、④戸籍謄本の提出をお願いしました。Cさんから「なぜ戸籍謄本が必要なのか?」と質問を受け、「当社の決まりです。皆さんにご提出いただいています」と答えたところ、「答えになってない。なぜ必要なのだ!」と激怒されました。結局、キャンセルになりましたが、なぜあんなに怒られたのかがわかりません。

【解決へのアプローチ】

入居審査に必要な書類として、一般に求めることが多いものとして、①住所を確認できる書類(住民票)、②勤務先証明書または学生証、③収入証明書(源泉徴収票または納税証明書)、④連帯保証人関係書類などがあります。これらの書類に加えて、本事例のように戸籍謄抄本の提出を求めることが少なくなったとはいえ、いまだにあります。いったい何の審査のために必要なのでしょうか?

出生地等を審査の対象とすることは許されず、差別行為につながる調査をしてはいけません。戸籍謄本等の要求は絶対にしてはいけません。差別のない社会の実現のため、適正な業務を行いましょう。

では重要事項説明及び入居申込手続きのご説明をいたします
審査必要書類として住民票、勤務先証明書、収入証明書を用意していただきます
そしてそれぞれの戸籍謄本の提出をお願いいたします
戸籍謄本？
なぜそんなものが必要なんだ？
当社の決まりで――
バカな！この話はキャンセルだ
？
というわけなんだ
変だろ？

そりゃ怒るの当然だよ
え？
おまえの会社はそんなことも教えてないのかい？
ど、どういうことだよ
入居審査に必要な書類で一般に求めるものは、住民票、勤務先証明書や学生証、収入証明書、連帯保証人関係書類などだ
戸籍謄本もだろ？
何のために必要なの？
それって差別行為だぜ
えー
出生地を審査の対象にするのは許されないことだ

4 連帯保証人の印鑑証明書と収入証明書

ようやく希望するアパートが見つかり、入居申込書を提出したところです。仲介業者から連帯保証人1名が必要であり、また、連帯保証人の印鑑証明書と収入証明書も必要と言われました。

父親に連帯保証人を頼んで了解は得たのですが、父は「印鑑証明書と収入証明書の提出まではしたくない。そこまでさせるとは気分が悪い」と言います。一方、仲介業者は、これらの書類が整わないと契約できないと言います。印鑑証明書と収入証明書の提出は本当に必要なのでしょうか。早く契約して引越しをしたいのですが、どうしたらよいのか困っています。

【解決へのアプローチ】

賃貸借契約において契約の関係者が全員そろって契約することはまれで、連帯保証人が貸主や仲介業者と顔を会わせることはほとんどありません。貸主・仲介業者は、借主が指定した連帯保証人が本当に連帯保証を引き受けたかどうか、本人と同等以上の資力があるかどうかを確認できません。実印や印鑑登録証は本人が厳重に保管しているのが通常ですので、実印を押印してもらうことで、本人が間違いなく連帯保証を引き受けたと推認することができます。収入証明書は担保力の確認です。どうしても提出したくなければ連帯保証人にも契約に立ち会ってもらいます。そうすれば書類の提示のみで確認することができます。

ここにします
連帯保証人の印鑑証明書と収入証明書が必要です
必要書類
①連帯保証人
連帯保証人はいいけど印鑑証明書や収入証明書は頼みにくいわ
必要書類
①連帯保証人の…
本当に二つの証明書が必要ですか？
必要です
というわけなのミナのところもそうなの？
必ず必要というわけではないけど重要なことよ

貸主や仲介業者は借主、つまりあなたね
あなたが指定した連帯保証人が本当に引き受けたのか、そして資力があるかどうかを確認しなくてはならないの
父親です
印鑑証明書は本人が連帯保証人を引き受けたと推認できる方法なの
印鑑証明証
収入証明書は担保力の確認ね
ふ〜ん
でもどうしても提出したくない場合は？
その場合はあなたと一緒に契約時に立ち会ってもらえれば証明書の提示のみで確認できるわよ

5 契約締結前の支払要求

3日後に契約をすることになりました。重要事項説明は申込みのときに受けましたが、契約書は契約の日に説明すると言われています。お金は契約の日に持参して、契約が終わったときに支払うつもりでしたが、仲介業者から「契約の前日までに指定銀行に振り込み、振込用紙の控えを当日持参してください」と言われました。契約はまだしていないのにどうして先に支払わなければならないのでしょうか。振込みを求められている金額は、①賃料8万円、②敷金24万円、③火災保険料2万5千円、④賃料保証保険料4万円、⑤自治会費半年分3千円、⑥仲介手数料8万4千円の、合計47万2千円です。

【解決へのアプローチ】

「契約もしていないのに、なぜ先にお金を支払わなければいけないのか？」…当然の疑問です。先に支払う必要はありませんが…。支払わないと、契約手続が進まないことになります。契約の前に支払を求めることは、適正な取引方法とは言えませんが、どうするかは、自分の判断になります。

宅建業法は、これらの契約の成立前に授受される金銭は「預り金」として取り扱い、契約が成立しなかったときに仲介業者がこの「預り金」の返還を拒むことを禁止しています。

なお、仲介手数料は成功報酬ですから、報酬請求権が発生していない契約成立前に受領することは、本来できません。

三日後に契約をします
契約の前日までに指定銀行に振り込んで振込用紙の控えを当日ご持参ください
合計47万2千円です
えっまだ正式に契約していません
契約が終わってから支払うつもりです
なぜ全額支払う必要があるのですか？
ウチではそうなっております
という仲介業者がいるの。なぜ先に支払うのかな？あなたのところもそう？
美加さん、先に支払う理由はないわだけど支払わないと契約してもらえないかも…
しかし仲介手数料の支払い要求は問題だね

そのお金は宅建業法上は「預り金」として取り扱います。契約しなかったら返ってきます
契約が成立しなかった場合、その「預り金」の返還を拒むことは禁止されています
もし拒んだ場合は宅建業法違反となります
その会社の要求は経理上の処理などの理由からだろうが仲介手数料はおかしいですね
仲介手数料というのがなぜ問題なの？
仲介手数料は成功報酬なのです
契約が成立していないのに請求するのは問題です

6 申込金を理由をつけて返さない

案内してもらったアパートが気に入ったので、「押さえてもらうことはできますか」と媒介業者に尋ねたら「申込証拠金5万円が必要です」と言われ、5万円を支払いました。申込書には「申込みをキャンセルしたときには、特段の事情がある場合を除き、申込証拠金は原則として返還いたします」と記載されています。特段の事情がある場合とはどういうことかと尋ねると「なかにはひどい方もいらっしゃるので、このような文言を入れていますが、気にしないでください」と言われました。他に良い物件が見つかりキャンセルの連絡をして5万円の返還を求めたところ「一方的なキャンセルで特段の事情にあたり、返金できない」と言います……。

【解決へのアプローチ】

宅建業法は「契約の相手方等が申込みの撤回を行うに際し、すでに受領した預り金を返還することを拒むこと」を禁止しています。

次のような理由をつけて申込金の返還を拒むことがよくありますが、いずれの理由も認められず、宅建業法違反になります。

① 「申込み」と「承諾」により契約は成立したので申込金は手付金として放棄することになる。
② 申込金はすでに貸主に渡した。貸主が返金に応じないので返せない。
③ 案内経費・人件費等が発生している。
④ 申込書に返金しない旨を記載している。

預かった媒介業者は、あれこれ考えず、素直に返すことが必要です。

いい物件だ
押さえてもらうことはできますか？
はい
申込証拠金は5万円になります
では
申込書には「申込みをキャンセルしたときは特段の事情がある場合を除き申込証拠金は原則として返還する」とあるけど
〝特段の事情〟って何です？
いえ、なかにはひどい方もいらっしゃるのでこのような文章になってます
気にしないでください
はあ？
すみません。他によい物件があったので先のをキャンセルしたいのです
CATBOX

――と一方的にキャンセルの連絡があってね
これは特段の事情だから返金できないと断ったよ、そうだろ？
おいおいそれは宅建業法違反になるよ
ええ!?
宅建業法では「契約の相手方等が申込みの撤回を行うに際し、すでに受領した預り金を返還することを拒むこと」を禁止してる
どんな理由をつけても認められないんだ
貸主は承諾したので諾成契約で契約は成立してると、言えるよ！案内経費だってかかっているんだ
素直に返したほうがいい

7 連帯保証人の承諾拒否とキャンセル

一戸建て借家に申込みが入り、重要事項説明も行い、契約条件についても合意を得ました。そこで、その場で（貸主の署名・押印済み）建物賃貸借契約書に署名のうえ押印してもらい、連帯保証人については、署名・押印のうえで後日書留にて返送してもらうことにしました。契約に際して必要な礼金、前家賃、敷金、借家人賠償保険料、仲介手数料の全額の支払いも受けました。

ところが、「連帯保証人になる予定の父親が契約に反対して了解を得られない」という理由でキャンセルになりました。契約は成立していると考えるので、契約の約定に基づく解約精算を通知しましたが、授受された金員全額の返還を求められています。

【解決へのアプローチ】

賃貸借契約においては、通常、連帯保証人を付けることが貸主側の契約条件となっています。賃料保証会社との保証委託契約を求めることも多くあります。事例では、当事者間の署名・押印、必要な金銭の授受も終了していますので、原則として、契約は成立しているといえます。しかし、借主は、貸主の契約条件である連帯保証人の同意を得ることができず、契約成立の要件を満たせませんでした。そうすると、契約は成立していないと考えることもできます。授受された金銭は「預り金」にしかすぎません。契約が成立しなかった以上、媒介業者は、「預り金」を返還しなければならないことになります。

先輩の友人の仲介業者の近藤さんてトラブルマンですね
お～い聞こえてるぞ
あはっゴメンなさい
いいってことよトラブって仕事は覚えていくものだ
じゃあミナちゃんひとつ問題だ
え？
一戸建て借家の契約合意ができた
建物賃貸借契約書もサインしてもらった
契約に必要な礼金なども全額支払われた
連帯保証人はお父さまですね
後日サインして書留で返送します

まったく問題ないのじゃありません？
そうオレには珍しく―じゃなくて続きがある
えっ連帯保証人になる父親が契約に反対⁉
キャンセル⁉
さあ、これは契約が成立してるから解約精算を通知したが、返金を求められている―どうする？
かなり現実味のある話ね
この場合借主は連帯保証人の同意が得られていないから契約は成立していないのでは…
あ、なぜわかるの？
貸主の契約条件を満たしていないからです
お金は全額返還すべきだ
やっぱりトラブルマンですね…
やっぱりそうかー

8 連帯保証人と賃料保証会社の両方を要求

Dさんからアパートの一室を借りたいとの申出を受け、重要事項説明と賃貸借契約書の内容について説明しました。その際、Dさんから「連帯保証人を付けるのに、なぜ賃料保証会社との保証委託契約までしなければならないのか」と、強い口調で質問を受けました。「このアパートでは両方お願いしています。契約の条件ですので……」と答えましたが、納得してもらえませんでした。最終的に契約は締結してもらえましたが、連帯保証人と賃料保証会社との保証委託契約の両方を借主に求めることは不当なのでしょうか。また、法律的にも問題があるのでしょうか。

【解決へのアプローチ】

①「連帯保証人」、②「賃料保証会社との保証委託契約」を併せて求めることは可能であり、法的に問題があるということはありません。この2つの債権保全手段の保証範囲は異なります。①は借主の生じさせた〝一切の債務〟についての保証、②は通常、賃料不払いに限定されています。

したがって、②だけでは、賃料不払い以外の借主が生じさせた債務に対する債権回収の保全はできないことになります。逆に、間違いなく責任を果たすことができる連帯保証人がいれば、②は不要といえます。責任能力に問題のない連帯保証人をたてられるのであれば、賃料保証会社との契約は不要とする対応が望まれます。

この一室を借りたい
では重要事項説明と賃貸借契約書の説明をします
連帯保証人をつけるのになぜ、賃料保証会社との保証契約まで必要なんだ？
このアパートでは両方お願いしております契約条件のひとつです
納得できないな
連帯保証人と賃料保証会社との両方の保証契約は法律で決まっておるのか？
わたしが説明しましょう
法的に問題はありません

この2つは保証範囲が異なるのです
連帯保証人は借主の生じさせた一切の債務に対しての保証となります
賃料保証会社との保証委託契約は賃料の不払いについての保証です
つまり後者だけでは借主が生じさせたすべての債務に対する債権回収の保全ができないわけです
わかりました…
責任能力の確かな連帯保証人がいれば賃料保証会社との契約は不要ともいえますが、このアパートは両方をお願いしています

9 不利な契約条項の修正・削除に応じない

案内をした賃貸アパートを「ぜひ借りたい」との申出を受けたので、重要事項説明を行い、併せて賃貸借契約の内容の説明を行いました。その際、「借主は自然損耗等にかかわらず原状回復義務を負う」「借主は明渡しに際し、鍵の交換費用を負担する」と定めた明渡し時の原状回復義務特約及び鍵の取替え特約について、借受希望者から、国土交通省の原状回復ガイドラインに反しているなどとして修正・削除を求められました。「契約条項を変更することはできません。ご納得いただけないのであれば契約できません」とお断りしたところ、「どうしてできない。不当だ、仲介業者として許せない、訴えてやる！」と……。

【解決へのアプローチ】

どのような内容の契約を締結するかは当事者それぞれの立場で自由に交渉し、当事者間で合意すればその内容を自由に決めることができる（契約自由の原則）ので、「借主に不利な特約」も原則として有効です。現実には、借主に交渉の余地はなく、このような対応になることが多くあります。

しかし、「信義則に反するような重い負担を借主に一方的に求める特約」は最初から無効となります。修正に応じない仲介業者等を訴えることはできませんが、事例のような特約は「不当条項」と指摘されてもやむを得ない内容です。仲介・管理業者は、適切な特約を貸主にアドバイスして、トラブルの未然防止に努めましょう。

気に入った。契約しよう
ありがとうございます
――以上が重説と契約の説明です
ちょっと待ってくれ
ここに「借主は自然損耗等にかかわらず、原状回復義務を負う」「借主は明渡しに際し、鍵の交換費用を負担する」とある
はい
これは国土交通省の原状回復ガイドラインに反しているんじゃないのか？
削除してほしいな
契約条項を変更することはできません。ご納得いただけない場合は契約できません

どうしてできないのだ！
仲介業者としておかしい
私が代わりにお聞きします
確かにこの特約は不当条項に当たるかもしれませんね
そうだろあんた話がわかるな
そうなんですか？
しかし、契約自由の原則がありますから借主に不利な特約も有効です
わしらには交渉の余地がないのかね
ただし、信義則に反するような重い負担を借主に一方的に求める特約は最初から無効です
……そうなの…？
この特約については貸主にアドバイスいたしますので少し時間をください
うむ大声を出してすまなかった

10 保険の加入義務と保険会社の指定

当社の仲介で契約がまとまりました。賃貸借契約締結後、借主にA損害保険会社の火災保険申込書に署名・押印をお願いしたところ、「友人が損保会社に勤務しているので、火災保険は友人の会社で加入したい」と言います。契約書第○条には「乙（借主）は標記の賃貸借期間中、自己の負担において甲（貸主）の指定する代理店を通じて借家人賠償責任担保特約付の火災保険に加入しなければならない」との特約があります。契約書の通りでお願いしたいと伝えたところ、「保険会社はどこでもいいはずだ！」と言います。当社はA損保の代理店をしています。契約に基づきA損保での保険加入を求めたいと考えていますが……。

【解決へのアプローチ】

借主には必ず火災保険に加入する義務があるということはありませんが、その旨の特約があると加入義務が生じます。しかし、特約があるとしても、特段の事情がない限り、保険会社の選択の自由まで制限されることはありません。

なお、保険は、①住宅総合保険（家財道具の損失補償が主たる目的の保険）、②借家人賠償保険（火災等による貸主に対する損害賠償責任を担保する保険）、③個人賠償責任保険（水漏れ事故等による他人に対する損害賠償責任を担保する保険）の大きく3つに分類できるようです。借主は、契約において保険加入義務がないとしても、万一に備えて②か③の保険には加入しておくべきです。

契約しよう
ありがとうございます
これで契約は完了しました
火災保険の申込書にも署名押印をお願いします
あ
火災保険は友人のいるB損保に加入するつもりです
申しわけありませんが契約書の特約に「甲（貸主）の指定する代理店を通じて借家人賠償責任担保特約付火災保険」に加入するよう記されております
保険会社はどこでもいいはずだろ？

社長…
B損保にお友達がいらっしゃるのですか?
ええ
特段の事情がない限り保険会社の選択の自由まで制限はありませんので、B損保さんでも構わないのですが…
当社はA損保の代理店もしておりますので手続きもここでできますお願いできませんか?
保険は①住宅総合保険②借家人賠償保険③個人賠償保険の3つがあります
万一に備え②か③の保険に入っておくことをおすすめします

第3章

「契約の成立」から「入居」まで

1 入居前の解約とお金の精算

当社の仲介で1週間前に契約したAさんから「事情があり入居できないことになりましたので契約を解約します。まだ入居前ですので支払ったお金の全額を返してください」と電話がありました。「敷金と火災保険料は全額お返ししますが、その他のお金はお返しできません」と返事したところ、「悪徳業者だ」と罵られ、訴えると言います。Aさんから支払われたお金は、①賃料前払金8万円（1カ月分）、②礼金8万円、③敷金16万円、④火災保険料2万円、⑤仲介手数料4万円の合計38万円です。なお、「借主は、1カ月前に通知するか、1カ月の賃料相当分を負担して即時に本契約を解除することができる」旨の特約があります。

【解決へのアプローチ】

契約の成立が借主の入居の有無によって左右されることは原則としてありません。契約成立後の解除は約定に基づき処理されることになります。

借主が契約を解除するには賃料1カ月相当分を負担する必要がありますので、「賃料前払金」はそれに充てることができます。当事者の事情により契約が解除されても「仲介手数料」を返還する義務はありません。「礼金」は議論のあるところですが、実務においては返金しない対応が大半です。

仲介業者の主張は、実務における通常の対応と思われ、借主の主張は妥当性を欠いています。ただし、礼金については争われる余地があることに注意しておきます。

えっ⁉
契約を
解除
ですか⁉
一週間前に
契約したが
事情で
入居でき
なくなった
のだ
わけは
聞くな
入居前
なので
支払った金を
返してほしい
契約が成立
しておりますので
敷金と火災保険料は
お返しできますが
他のお金は返還でき
かねます
特約では
「借主は1カ月前に
通知するか、1カ月の
賃料相当分を負担して
即時に本契約を解除
することができる」とあります
悪徳業者
だな
訴える
ぞ！
バン
まいった
なあ
契約は
借主の入居の
有無で成立
するものでは
ないのに…

これは借主によく説明する必要があるな
借主の主張は妥当性を欠いている
ギ
契約成立後の解除は契約に基づいて処理することになります
今回は賃料の1カ月分をご負担いただくことで契約を解除できます「賃料前払金」を充当させていただきます
契約は成立していますので、仲介手数料はお返しできません
礼金も返還できません
入居もしていないんだ返してくれ！
入居の有無は関係ありません

2 フリーレント期間終了と同時の契約の解除

空室対策として、〝2カ月フリーレントキャンペーン〟を行いました。1週間後、キャンペーンに応募したBさんと、賃貸借期間2年の契約を締結しました。契約には「月額賃料を4万5千円とする。ただし、当月分の日割賃料、5月分及び6月分の賃料は0円とする」旨の特約があります。Bさんは契約当日に入居しました。ところが、6月も終わりに近づいたある日、突然Bさんから「契約は解除して6月末に退去する」と電話がありました。Bさんはフリーレント物件を渡り歩く悪質な借主であることがわかりました。2カ月分の賃料及び解約金1カ月分の請求をしましたが、契約書を盾に支払いを拒否しています。

【解決へのアプローチ】

確かに、賃貸借契約書には「当月分の日割賃料、5月分及び6月分の賃料は0円とする」と定められています。しかし、この特約は、2年間居住してもらうことのお礼または実質賃料の減額分として約定されたと考えるのが相当と思われます。つまり、借主は2年間居住することを前提に「2カ月分の賃料無料」のサービス提供を受けているのです。したがって、借主は、契約を解除することはできますが、サービスの提供のみを享受して、契約の約定を盾に「何らの負担もする必要がない」と主張することは信義則上、許されないことです。一定期間内の解約は負担が生じる旨の特約を入れて明確にしておくことも大事です。

4月―
チャンス
2カ月
フリーレントキャンペーン
ABCマンション
応募したい
賃貸借期間2年の契約条件です
月額賃料は4万5千円、ただし当月分の日割賃料、5月、6月分の賃料は0円です
いいだろう本日入居する
6月末
アトラス不動産
えっ⁉
契約を解除して6月末に退去⁉
2カ月分の賃料及び解約金1カ月分の13万5千円をお支払いいただきます
払う必要はないはずだ

これは
フリーレント物件を
渡り歩く
悪質な賃借人
だな
えー⁉
あちこちで
契約の約定を
盾にして
渡り歩いて
いるんだ
そんな
人には
見えなかったわ
賃貸借契約書には
「当日の日割賃料、
5月、6月分の賃料0円」
とあるが、これらは
2年間居住する条件で
約定されたものなんだ
借主は2年間
居住することを前提に
「2カ月分の賃料無料」の
サービスを受けている
わけだ
途中解約は
してもいいが、
サービスのみの
提供は
あり得ない
はい
信義則上も
許される
ことではない
請求を
続けていく

3 未完成物件の完成前の契約解除

4月1日に完成・入居予定の新築中の賃貸マンションの一室を、1月15日にCさんと契約を締結して、礼金20万円、敷金30万円、4月分の賃料前払金10万円、仲介手数料10万円を受領しました。本契約には解除特約として、「借主は、契約期間中に本契約を解除するときは、1カ月前に通知しなければならない。または賃料1カ月相当分を支払うことにより即時解除することができる」と定めています。ところが、2月初旬にCさんから「都合により契約を解除します。建物完成前であり、お金を返してほしい」と連絡がありました。「敷金と賃料前払金は返還します」と答えましたが、全額の返還を求められ困っています。

【解決へのアプローチ】

契約成立後の解約が契約の約定に基づき処理されるのは、未完成物件も完成物件も同じです。しかし、未完成物件の場合、貸主は、使用収益できる建物の提供ができず、まだ貸主としての義務が履行できない状態にあります。こういう状況の中で礼金を返還しないことは、礼金の性格上、疑義があります。本件の解約においては、礼金は返還すべきと考えます。仲介手数料の返還義務はありません。未完成物件の場合、完成日前の解除特約をつけておき、借主の負担を明確にしておくことが望まれます。その場合、消費者契約法を念頭において、借主に過度な負担とならないように配慮します。

このマンションは4月1日に完成、入居予定です
あと4カ月だね
気に入った契約しよう
礼金など合計70万円になります
うむ
本契約の解除特約として借主は1カ月前に本契約の解除を通知しなくてはなりません
または、賃料1カ月相当分を支払うことで即時解除できます
1カ月後
えっ解除!?

完成前だからお金は全額返却してほしい
敷金と賃料前払金はお返ししますが礼金、仲介手数料は返金できません
契約成立後の解約は完成物件も未完成物件も同じ扱いだ
しかし、未完成物件は貸主がいまだ建物を提供できていない状況にあるから、〝礼金〟の扱いはむずかしいね
未完成物件だから〝礼金〟は返還しよう
えー
仲介手数料の返還はしなくてもいい
完成前の解除特約は、消費者契約法を念頭におき賃借人の負担を考える必要があるね

4 部屋を見せずに契約、家具が納まらない

"余裕の1LD・K（K3畳、LD8畳、洋室6畳）"と記載したアパートの一室の賃貸広告を見て来店したDさんと賃貸借契約を締結しました。この部屋は入居者が明渡し前で、入居者の同意が得られず中を見ることができませんでしたが、事情を了解のうえで契約してもらいました。前入居者が退去後、Dさんに鍵を引き渡しましたが、Dさんから「部屋が狭い。洋室は4畳半程度しかなく、LDも6畳程度しかない。これでは家具が納まらない。不当広告だ。LDは8畳で十分な広さなどと虚偽の説明をした。契約を解除するとともに、損害の賠償をしてもらう」と苦情を申し立てられています。感覚的に「狭い」と言われても……。

【解決へのアプローチ】

居室等の広さを畳数で表示する場合、畳1枚当たりの広さは1・62㎡（各室の壁芯面積を畳数で除した数値）以上の広さがあるという意味で用いることになっています。洋室6畳、LD8畳と表示するにはその部屋の壁芯面積がそれぞれ9・72㎡（1・62×6）、12・96㎡（1・62×8）以上なければなりません。Dさんの「不当表示、説明義務違反」の主張の正当性は、この基準で判断することになります。家具が納まるか否かは、特定の家具の設置の可否について質問があり、誤った説明をしたなどの場合を除き、判断の基準とはなりません。いずれにしても、部屋の確認ができない状態にあるのに、契約を締結させることは避けるべきです。

余裕の1LD·K
WILL
駅から5分
K3畳
LD8畳
洋室6畳
K
LD
この広告の部屋を借りたい
見せてもらえますか？
入居者が明渡し前で中を見ることはできないのです…
部屋の広さもわかるからこれで契約します
入居できます
入居日―
えっ？
部屋が狭い？
家具が入らないよ不当広告だ！
契約を解除し損害賠償をしてもらう！
家具が入らないといわれても…

うーむ
広告に記載した部屋の広さの表示は広告基準を満たしているのかな？
えー
居室の広さを畳数で表示する場合、1畳の広さは1・62㎡以上としている
※壁心面積を畳数で除した数値
1畳 = 1.62㎡
洋室6畳 LD8畳とすれば壁心面積がそれぞれ9・72㎡、12・96㎡以上でなければならない
洋室
K
LD
その物件がその基準を満たしているかどうかは測定して判断するべきだ
Dさんのいう家具が入らないという主張は家具について特に聞いていたわけではないので問題はない
契約は借主が実際に見てから行うべきでした

5

リフォーム工事未了で入居できない

当社の仲介で、Eさんとの賃貸借契約を成立させました。その際、「壁クロスの張替え工事、キッチンセットの新規取替え、室内クリーニングを入居予定日の前日までに終了させる」ことを書面で約束しました。契約締結後、その旨を管理業者に電話で伝え了承を得ました。Eさんは入居予定日に旧宅から荷物を搬出しましたが、リフォーム工事が完了しておらず荷物を搬入できませんでした。Eさんから当社に苦情の電話があり、調べてみると管理業者の工事手配ミスで遅れていることが判明しました。Eさんから仲介手数料の返還と損害金の請求を受けています。管理業者の責任であり、当社には責任がないと思うのですが……。

【解決へのアプローチ】

物理的に荷物を搬入することができずに入居することができないのですから、現状では貸主の債務不履行の状態になっています。その原因は、管理業者の手配ミスにあるようですので、管理業者は貸主に対して責任が生じていることになります。他方、媒介業者は媒介責任を果たしているとして責任を回避できるのでしょうか。媒介業者の業務は契約の成立により終了するのではなく、借主が契約の通りに無事入居するまで終了していないと解されます。借主は入居予定日に入居できませんでした。媒介業者には、入居日の前日までに工事の進捗状況、工事完了の確認の義務があったといえます。媒介業者としての責任を果たしているとはいえません。

この部屋をリフォームする条件で契約しよう
ありがとうございます
壁のクロス、キッチンセット、室内クリーニングを入居予定日の前日までに終了させます
管理会社に了承を得た、これで一件落着
入居日―
え？
ガチャリ
なんですって⁉
リフォームが完了していないから荷物も搬入できない⁉
管理業者の工事手配ミスで遅れているそうです
冗談じゃない！これは仲介業者の責任だろ？

仲介手数料の返還と損害金を請求する！
我々はあくまで仲介業者ですから…
引越しどうしてくれる⁉
管理業者のミスです
これは貸主の債務不履行の状態だ
え～
我々仲介業者にも責任がある
仲介業者の業務は契約の成立で終わるのではなく、借主が契約どおり無事入居するまで終了しない
借主が入居できない状況というのは仲介責任を果たしていないことになるね
仲介業者は入居予定日前日までに工事の進捗の確認をするべき義務がある

6 振込手数料は貸主が負担すべきだと……

借主Fさんとの建物賃貸借契約では、賃料等の支払いについて「借主は賃料等を毎月末日までに、翌月分を指定の銀行口座に振込みにより支払うものとする」と定めています。Fさんから「銀行の振込手数料は差し引いて振り込みますので、念のため連絡しました」と電話がありました。「振込手数料はFさんの負担でお願いします」と伝えたところ、「なぜ、手数料まで借主が負担をしなければいけないのだ、金を受け取るほうが負担するのが当然だろ」と言います。「皆さん負担していただいています。弊社の決まりになっていますので……」と理解を求めましたが、納得してもらえません。どのように対応したらよいでしょうか。

【解決へのアプローチ】

賃料等の支払方法には、①直接現金を持参して支払う方法、②銀行口座からの自動引落しによる方法、③指定する銀行口座への振込みによる方法などがあります。②の自動引落しの方法の場合は手数料も自動的に引き落とされることから事例のような相談の例はありません。民法のルールは「弁済の費用は、特に特約で負担者を定めていなければ、債務者負担」が原則となっています。つまり、ここでの債務者は借主のことですので、振込手数料は借主負担となります。法律上のルールを説明すると納得していただけるはずです。無用のトラブルを避けるために、誰が負担するのか契約書に明確に定めておきましょう。

あっ大家さん
えっ賃料が不足？
手数料が差し引いてあるのですか？
どういうことです？
借主は賃料等を毎月末日までに翌月分を指定の銀行口座に振り込み支払うものとある
手数料を支払うとは書いてない
皆さん負担してもらっておりますし弊社の決まりにもなっています
手数料は金を受け取る側が負担するものだろう
えー？
そんな…

手数料の負担まで特約に示さねばならないのですかあ?
無用のトラブルを避けるためにもそれも明記しておくべきだね
ATM
行
賃料の支払方法には現金持参や銀行口座の自動引落し、銀行振込みがある
口座からの自動引落しは手数料も自動的に引き落されるから問題になることもないが、振込みは毎回手数料がかかるからね
ピッ
民法の四八五条では特に負担者を定めていない場合は、債務者負担、つまり借主負担と定めている
このルールを説明すれば納得してもらえるはずだ
はい、次からは負担者を明記しておきます

7

賃料は入居日から発生するはずだと……

3月2日、Gさんとアパートの一室の賃貸借契約を締結し、当日は、敷金、火災保険料を受領し、賃料は後日請求書を送付することにしました。Gさんは「入居する子供（大学生）は、3月25日くらいに引越しを予定している。おかげさまでアパートが決まりホッとしました。ありがとうございました」とお礼を言って帰りました。数日後、3月分の日割賃料の請求をしたところ、「なぜ3月2日からの賃料を請求するのだ、25日に引越しすると言ったはずだ。3月分は25日からの7日分でいいはずだ！」と怒って電話してきました。契約書には「3月の賃料は日割り精算とする」と書いてあります。どう説明すればよいのでしょうか。

【解決へのアプローチ】

状況から推測すると、「賃料は、入居の日から支払えばよい」とのGさんの思い込みによる勘違いと思われます。賃料の発生日（借主の賃料負担開始日）を契約日とは別の日とすることもありますが、その場合には、賃貸借契約書にその旨の特約を入れます。契約に特段の特約をしない限り、借主には契約の締結の日から賃料の負担義務が生じます。通常、当月の日割賃料は契約締結時に支払ってもらうことが多いので、このようなケースは少ないと思いますが、思わぬクレームに戸惑うこともあります。賃料の発生日の確認は基本です。〝当たり前のことを当たり前に忠実に〟行うことがトラブル回避の極意です。

3月2日
いい物件だ ありがとう
息子は3月25日ごろ入居する予定です
いいアパートが決まってよかったわ
3月分の日割賃料の請求は後日郵送いたします
えっ?
賃料が違う!?
息子は25日から入居すると伝えたのに2日からの賃料になっている——どういうことだ!?
賃料は入居日から支払えばいいはずだ
え〜〜!?

当然のことと思っていることでも勘違いされるのですね
当たり前のことを当たり前に忠実に行うことがトラブル回避になる
この場合親御さんは入居日＝賃料発生日と思っているわけだ
WF.
賃料の発生日を入居日にすることもあるが、その場合は、その旨の特約を入れておく
契約に特段の特約をしない限り、借主は賃貸借期間の開始日から賃料の負担が生じる
通常、日割賃料は契約締結時に支払うケースが多いから問題になることは少ないがね
賃料の発生日をしっかりお伝えすべきでした

8 仲介手数料は賃料の半額のはずだと……

一戸建て借家の貸主側媒介業者に、客付けした場合の手数料割合が100％（賃料1カ月分すべて）であることを確認したうえで、借主Hさんを案内して賃貸借契約を成立させました。契約終了後、手数料として賃料1カ月分を請求したところ「手数料は賃料の半額でいいはず。1カ月分を請求するのは違反ではないか」と言います。案内のときに渡した当社の物件マップには「手数料として賃料の1カ月分を申し受けます」と記載しています。また、重要事項説明の際に、契約時に必要となる金額と内訳を書面で提出して手数料についても説明しています。契約終了後にこのようなことを申し出るのはルール違反だと思います。宅建業法違反はないと考えますが……。

【解決へのアプローチ】

居住用建物の媒介の場合、貸主、借主の一方から受け取ることのできる手数料の上限は、原則として月額賃料の半分＋消費税相当額です。ただし、依頼者の承諾を得ている場合は、承諾をした依頼者から賃料の1カ月分の手数料を受領することができます。その場合、他方の依頼者からは手数料を受領できません。事例では、重要事項説明の際の説明に対して借主は反対の意思表示をしていないことから、承諾を得ていると考えることはできますが、十分ではありません。「宅建業法違反だ」と言われないためには、「借主が賃料1カ月分相当分の媒介手数料を負担する」旨の書面を作成して、明確に承諾を得ておくことです。

いい物件だ
仲介手数料は賃料の1カ月分ですが、了承していただけますか？
この案内書にも記してあります
以上が重要事項説明です契約時の必要な金額と内訳をもう一度ご確認ください
ご不明な点はありませんか
契約しよう
仲介手数料が賃料1カ月分というのは高いんじゃないか？
手数料の件については何度も説明いたしました
手数料は賃料の半額でいいはずだ
1カ月分というのは違反だ！

契約後に業法違反といわれてもなあ…
社長ォ
承諾のとり方が不十分だな
えーあれだけ何度もしたのにですか？
重説のとき借主が反対の意思表示をしていないから承諾を得ていると考えるのは十分でない
「借主が賃料1カ月相当分の媒介手数料を負担する」――と書面で明確に承諾を得ておく必要がある
宅建業法違反などといわれないためにも特約に記しておきます

9 鍵の取替え費用・害虫消毒費用の請求

無事、賃貸借契約が終了しました。入居予定が1週間後の借主Iさんに「明日には玄関の鍵の取替えと害虫消毒も終わらせておきます。鍵は明後日以降いつでもお渡しできます」と伝えました。3日後、Iさんが事務所に立ち寄られたので、鍵といっしょに鍵の取替え費用と害虫消毒費用の請求書を渡して振込みでの支払いをお願いしました。ところが、Iさんは「なぜ、借主が鍵の取替え費用と消毒費用を負担しなければいけないんだ。貸主が負担すべきものだろう！」と怒り出しました。当社では「借主様の安全と健康を第一に考えて実施しています。費用の負担は借主様にお願いしています」と説明しましたが理解してもらえません。

【解決へのアプローチ】

一般に、借主に鍵の交換費用の負担義務が生じるのは、①借主が鍵を紛失した場合、②借主が不注意等で破損した場合、③借主の希望で交換する場合（貸主の安全配慮義務の観点から、貸主負担の考え方もある）です。「鍵交換の費用を借主が負担する」との特約も見られますが、借主に負担させる合理的理由は見いだせないことから、争われると効力を否定されることもあります。本件では、鍵の交換、害虫消毒の費用負担を事前に告げずにいきなり請求していますので、借主が怒るのは当然です。もっとも、事前に告げても結果は同じだと思われますが……。「借主の安全と健康を第一」に考えることは大事ですが、費用は貸主が負担すべきです。

入居予定は一週間後です
明日には玄関の鍵の取替えと害虫消毒を終えておきます
鍵は明後日以降いつでもお渡しします
3日後——
鍵をもらいにきました
では鍵と鍵の取替え費用と害虫消毒用費用の請求書です
え？
なぜ借主のボクが鍵の取替え費用と害虫消毒用の費用を負担しなくちゃいけないのです？
おかしいでしょう
借主様の安全と健康を第一に考え実施しておりますので——

借主が鍵の交換費用を負担するのは借主が鍵を失くしたとか、破損したとか、安全上交換する場合でしょう
308
MIAV
今回はこちらが頼んだわけじゃない
第一に鍵の交換や害虫消毒の費用負担のことは事前に聞いていない
聞いても納得はしないけど
これらは貸主側が負担すべきでしょう
少しお待ちください
申しわけありませんでしたお怒りはごもっともです
借主様の安全と健康のためとはいえ、お客様のおっしゃる通りです
貸主に伝えます

第4章

重要事項説明に関するもの

1 貸主宅建業者は重要事項説明をしていない

ホームページに掲載している自社の賃貸アパートを見たAさんから問合せがあり、案内をしたところ気に入ってもらえたので賃貸借契約を締結しました。ところが、入居して1週間が経過したころに「近くの高速道路の通行車両の音がうるさくて眠れない。陽当りも問題ないと言ったのに午後には陽が当たらなくなってしまう」と言い、賃料の値下げを要求してきました。契約前には2度も案内して高速道路があることも、陽当たりの状態も確認しています。値下げ要求には応じられない旨を伝えると「不動産業者でありながら重要事項説明をしていない。説明義務違反だ」と言います。説明義務はないと思いますが……。

【解決へのアプローチ】

宅建業法35条は、貸主が宅建業者である場合、重要事項説明義務があると読めます。しかし、宅建業法2条の宅地建物取引業の定義において、貸借については「貸借の代理若しくは媒介をする行為で業として行なうもの」と定め、代理・媒介のみを対象として、貸主については宅建業法の適用を除外しています。したがって、本件借主は宅建業法の適用のない貸主宅建業者に宅建業法上の説明義務違反を問うことはできません。なお、宅建業法とは関係なく、貸主には借主に対する情報開示義務がありますので、「契約の判断に重大な影響を及ぼす事項」については告知しておく必要があることに注意してください。

HPに載っていたアパートを見たいのですが
はい
いい部屋じゃないか気に入ったよ
ただ、近くに高速道路があります
陽当りも午後には少し陰ります
ブー
ゴー
パン
問題はないと思いますが
契約しよう
一週間後——
えっ!?
賃料を値下げしてほしい
近くの高速道路の音がうるさくて眠れないし陽当りも問題ないといったが午後は陰ってしまう
オーン

こんなにうるさいなんて説明違反だ！
しかし現地の状況は2度も案内して道路や日照のことも説明しております
当社は貸主だから宅建業法の重要事項説明の義務違反を問われることはない
しかし貸主には借主に対し情報開示義務があるから、重要なことは伝えなくてはならない
今回の件は告知義務を果たしているといえる

2

契約を保留されたからといって、重要事項説明書を渡さないと……

分譲マンションの一室の賃貸の媒介を受託して、賃貸情報誌に掲載していたところ、Bさんから問合せを受け、物件を見たいというので案内しました。気に入ってもらえたので事務所において重要事項説明を行い、賃貸借契約の内容についても詳しく説明しました。重要事項説明書に署名・押印をもらい、契約締結をお願いしましたが、「もう少し考えて検討したいので、今日は契約できません」と拒否されました。そこで、「契約していただけないのであれば、重要事項説明書はお渡しできません」と重要事項説明書の交付を拒否したところ、「宅建業法違反だ」と言います。違反ではないと思いますが……。

【解決へのアプローチ】

建物賃貸借の場合、物件を見たその日に契約内容の検討、理解も不十分なまま契約を締結することも多くあり、そのことが後のトラブル原因の一つにもなっています。重要事項説明は書面を交付して説明することが義務付けられています。書面の交付を義務付けているのは、説明を受けたあとも十分な検討・確認ができるようにするためです。本件のように書面交付を拒否し、借主の十分な検討の機会を奪うことは宅建業法に反し許されません。契約者以外には情報提供できないものが含まれる場合もあります（収益物件1棟売りの入居者情報等）が、その場合には、当該付属書面等は契約時に引き渡すことで足ります。

賃貸雑誌に載っていたこの物件を見たいのですが——
はい
へえ思ったよりいいね気に入ったよ
では重要事項説明と賃貸借契約について説明いたします
ふむふむ
契約はなされますか？
もう少し考えてから返事をしたい
この重要事項説明書を見て再度検討したいのですが…
契約していただかないと重要事項説明書はお渡しできません

それは宅建業法違反じゃないの？
え？
美山クンその人のいうとおりだよ
え？
申しわけありません
重要事項説明は書面を交付し説明することが義務づけられています
借主が説明を受けてからも十分に検討や確認をするためだ
その機会を奪うことは許されない
すみませんでした
お問合せが多数ありますので早めにご検討ください

3 重要事項説明書を郵送して電話で説明した

他県からアパートを探しに来たというCさんの希望で、４物件を車で案内しました。そのうちの2件が気に入り、どちらかに決めきれず「今日は帰るので、両親の意見も聞いて明日返事します」と言うので、両方の物件を1日だけ保留しておく約束をしました。翌日、Cさんから電話があり、物件を確定して契約手続に入りました。出向くことができないというので、重要事項説明書、契約書等の書類を郵送し、電話で説明しました。手続はすべて完了しました。トラブルが生じているわけではありませんが、重要事項説明を郵送・電話で行うことはできないと聞きました。どんな理由があってもダメなのでしょうか。

【解決へのアプローチ】

電話での説明では十分な説明とならない可能性があり、重要事項説明の大きな目的である「トラブルの未然防止」が十分に図れないことが危惧されます。そのようなことから重要事項説明は、直接、面談による方法で行うこととされ、郵送・電話での説明は宅建業法違反と解されています。もっとも、ＩＴ技術の進歩によりＴＶ電話等、面談と同様の効果が得られる方法も可能となりつつありますので、近い将来には、面談によらない方法もできるようになると思われます。事例のような場合、契約候補となった2物件については、重要事項説明を済ませておくようにします。それにより、Cさんも十分な比較検討ができるはずです。

4物件目です
ここもいいな
先の物件とこちらの2件が気に入った
今日、実家に戻り両親の意見も聞いて決めたいと思います
両方の物件を1日だけ止めておくことはできますか?
はいお返事をお待ちしております
翌日
3件目の物件に決めます
ありがとうございます
用事があってそちらまで出向けないのですが重要事項説明書や契約書を送ってもらうことはできませんか?

というわけで郵送し、電話でも重ねて説明したのですが
これでよかったのでしょうか？
トラブルは発生してませんが気になっています
うーんこれは宅建業法違反になるね
えー!?
電話での説明では重要事項説明の大きな目的である「トラブル防止」が十分に図れないおそれがある
重要事項説明は直接面談で行うこととされている
まあ、将来はネットなどを使ったものも可能になるかもしれないがね
契約候補の2件について重要事項説明を済ませておくべきでした

4

取引主任者でない者が説明した

営業担当のAは、顧客Bさんを2日にわたり数物件の案内をして、ようやくその中の一つを気に入ってもらいました。そこで、重要事項説明を行うことにしましたが、Aは取引主任者の資格を有していません。有資格者であり上司のCに説明を依頼したところ「今日はAが説明しなさい。主任者である自分が立ち会うので心配ない」と指示を受け、主任者でないAが説明をしました。ところが後日、ささいなことでトラブルが発生し、Bさんは「重要事項説明を主任者ではないAが説明をしたことは重大な法律違反だ！」と言います。主任者が立ち会い、Aが説明することを了解のうえで行っていますので、違反ではないと思いますが……。

【解決へのアプローチ】

宅建業法は、重要事項説明は不動産取引のプロと認めた「取引主任者証を有する者」にさせることにしています。「取引主任者証」は不動産取引の実務に精通し不動産取引に必要な知識を有するものであることの証です。重要事項説明は取引主任者の専権事項です。取引主任者以外の者がどんなに丁寧な説明をしたとしても、宅建業法上の説明義務を果たしたことにはなりません。取引主任者が立ち会っていても同じです。事例では、資格のないAが説明したことが直接のトラブルの原因ではないと思われますが、宅建業法違反だというBさんの指摘はそのとおりです。宅建業法は正しく理解し、遵守しなければなりません。

いやあ まいったよ
また トラブル ですか？
ウチの後輩の 営業が 案内した 物件で トラブって ね
ちえ
近藤さんの お話は 反面教師 になります
では 重要事項 説明を 行います
先輩 お願い します
今日は おまえが やれよ
主任者である 自分が 立ち会うから 心配ない
はい！
よろしい 契約を します
ところが 後日、 ささいな ことで トラブルに なったんだ
トラブル 自体は 大したことでは なかったが 宅建業法違反が あると言うんだ

どういうことです？
わからないか？
あっその後輩が取引主任者の資格を持っていなかったのですね
ピンポン
おいメモとるなよ
それって宅建業法違反です
そうなんだってな
まいった
宅建業法では重要事項説明は「取引主任者証」を有する者がすることになっている
宅地建物取引主任者証
氏名　××××
住所　○○○○○
平成○○年○月○日
××県知事
取引主任者以外の人がどんなに上手に説明しても宅建業法上の説明義務が果たされたことにならないんだってな
トラブルの原因はそれではなかったけど指摘されると反論できないし…
なるほど

5 建物の競売による立退き要求

当社が1年ほど前に仲介した一戸建て住宅の借主から「借りている建物が競売され、買受人という人から退去を求められている。入居して1年しか経っていないのに、こんなことになるのなら借りなかった。何も説明しなかったではないか。引越し費用などの損害を請求する」と連絡がありました。抵当権が設定されていることは重要事項説明書に記載して説明もしました。契約の時点で競売になるということを知っていれば説明していましたが、貸主がそのような状況にあることを知りませんでした。宅建業法では、抵当権が設定されていることを説明すればよいはずです。借主の請求は不当だと思うのですが……。

【解決へのアプローチ】

平成16年4月以降に契約を締結した借主には短期賃貸借の保護制度の適用がなく、①競売の買受人からの明渡し要求を拒めず、②買受人に敷金の返還請求もできません。この抵当権が実行された場合の借主の不利益について、重要事項説明書の記載・説明がないとしても宅建業法違反とはいえません。しかし、借主が現実にこれらの被害を被った場合、不利益事項を説明しなかったことの民事責任を裁判所で争われると、損害の賠償責任が認められる可能性があります。媒介業者としての責任を問われないためには、借主の被る可能性のある当該不利益について、記載し、説明をしておくべきです。

え⁉
退去⁉
そうなんだ一年前にお宅と賃貸借契約をした一戸建てが競売になり、買受人から退去を求められているんだ
こんなことになる説明はなかった。引越し費用などの損害を払ってくれ
抵当権のことはご説明しております
契約の時点では競売になる話は出ていませんでした
これは説明義務違反だろう!

うーむ
平成16年4月に民法が改正され
短期賃貸借保護制度の
適用がなくなったのだ
短期賃貸借というのは
賃貸借契約が3年以下の
建物賃貸借契約の
ことですね
競売の買受人からの
明渡し要求は
拒むことができず
買受人に敷金の
返還請求も
できなくなった
業法上は抵当権が
設定されて
いることを
説明すれば
よいことに
なっている
抵当権が実行されたときの
借主の不利益について
重要事項説明書の記載
説明がないとしても
宅建業法違反とはならない
のだが……
しかし、借主が
民事責任を訴えれば
損害の賠償責任を
問われる可能性はある

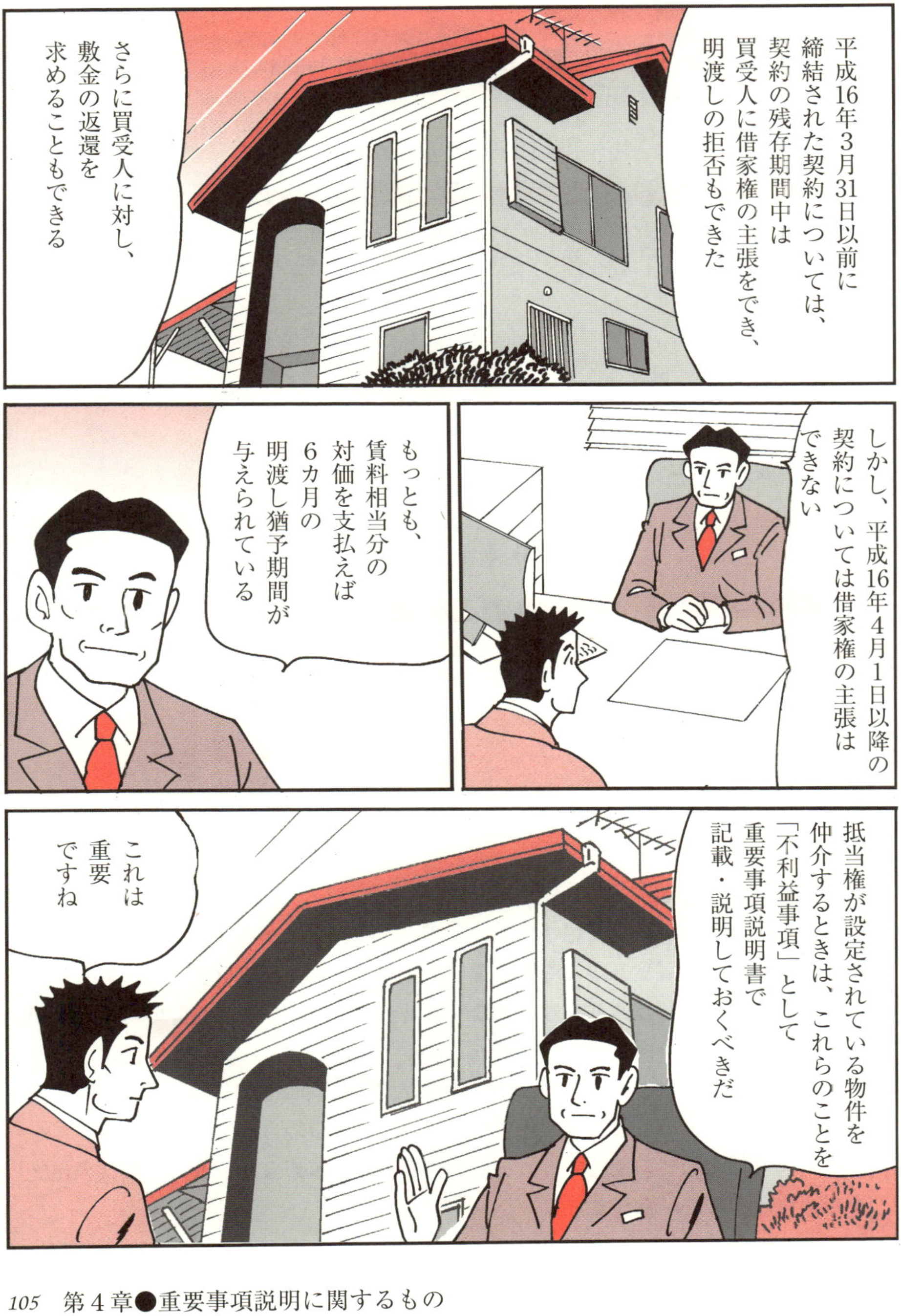
平成16年3月31日以前に締結された契約については、契約の残存期間中は買受人に借家権の主張をでき、明渡しの拒否もできた
さらに買受人に対し、敷金の返還を求めることもできる
しかし、平成16年4月1日以降の契約については借家権の主張はできない
もっとも、賃料相当分の対価を支払えば6カ月の明渡し猶予期間が与えられている
抵当権が設定されている物件を仲介するときは、これらのことを「不利益事項」として重要事項説明書で記載・説明しておくべきだ
これは重要ですね

平成16年3月31日以前に締結された短期賃貸借契約
短期賃貸借保護制度の適用あり

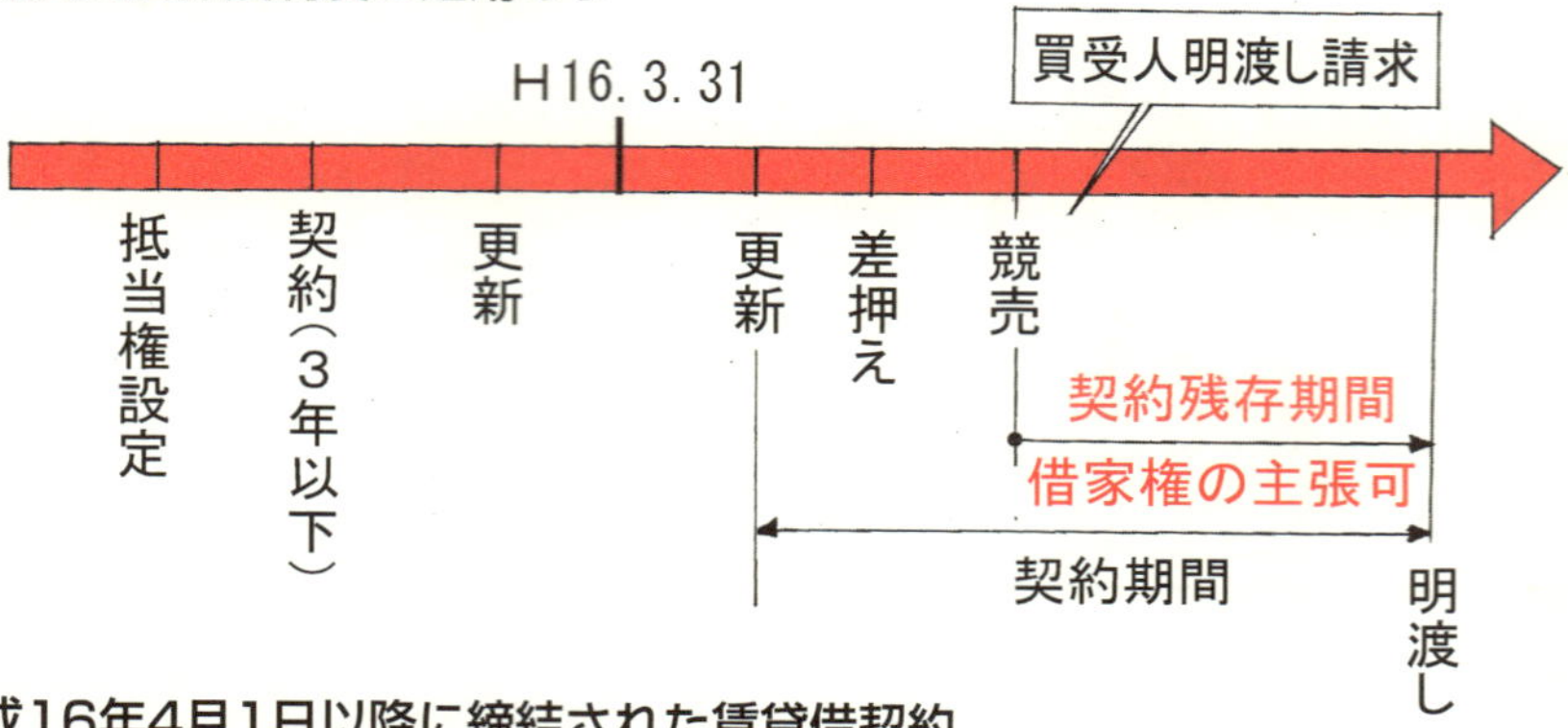

平成16年4月1日以降に締結された賃貸借契約

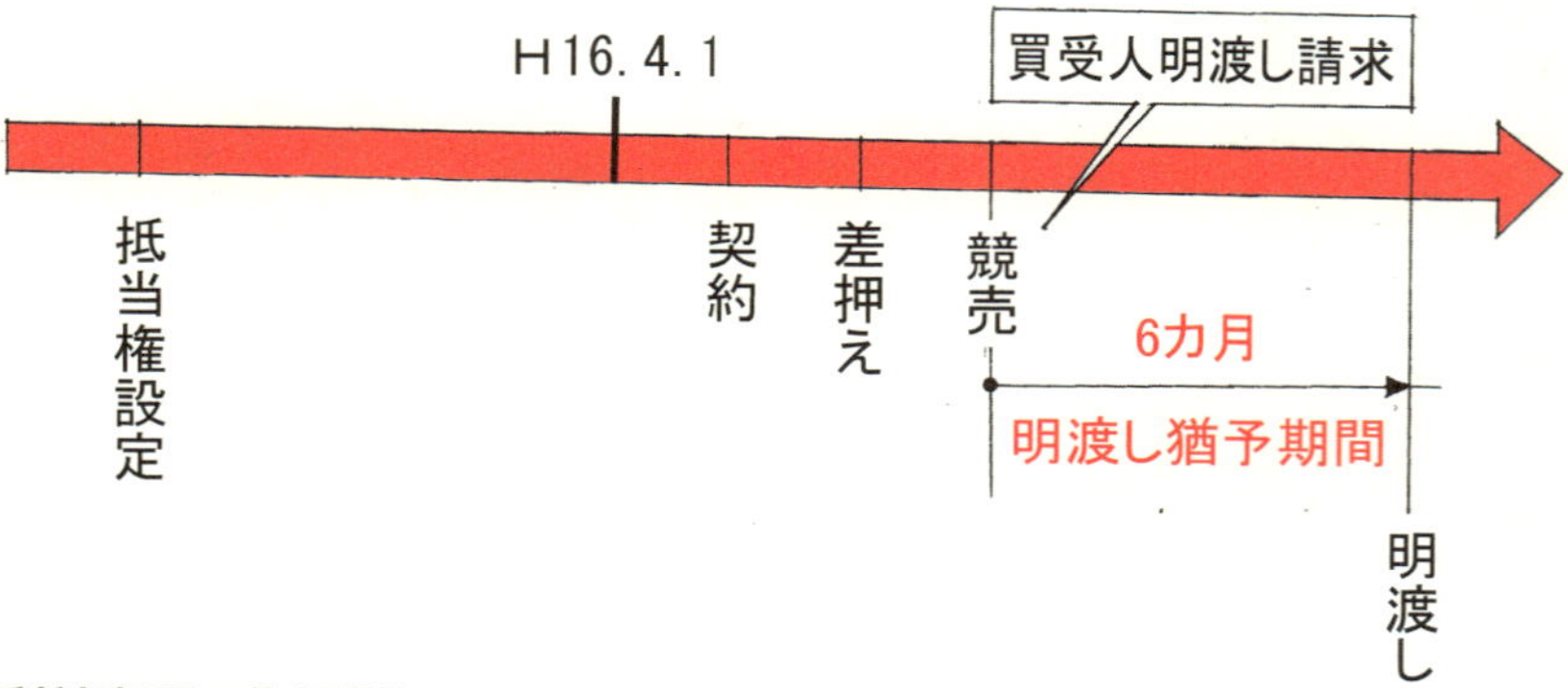

（不利益事項の告知例）

本物件には、抵当権が設定されています。当該抵当権が実行（競売）され、競売の落札人である買受人から明渡しを求められたとき、借主は買受人に対し借家権を主張できず、明け渡さなければなりません。なお、賃料相当分の対価を支払えば、6カ月の猶予期間があります。

また、この場合において、貸主に預け入れた敷金（保証金）についての精算（返還）を買受人に求めることはできません。明渡しを求められない場合においても、買受人より新たな契約条件での賃貸借契約の締結を求められ、改めて敷金の預託を求められることがあります。

6 浸水被害を受ける可能性の説明

当社の媒介でアパートの1階に入居したEさんから「先般の大雨で床下浸水の被害を受けた。重要事項説明では、浸水被害を受ける可能性があることは何も聞いていない。知っていれば別のアパートを選んでいた。説明義務違反だ。履けなくなった靴などの損害と精神的な苦痛に対する損害を賠償してほしい」という電話がありました。Eさんが入居したアパートは、特に浸水被害を受けやすい低地に建っているわけではなく、先般の雨は異常気象ともいえる局地的な大雨で周辺家屋の多くが何らかの被害を受けています。異常気象による大雨の被害の可能性についてまで説明義務はないと思いますが……。

【解決へのアプローチ】

世界各地から異常気象による被害が報告されています。日本も例外ではなく、局地的に記録的な大雨が降り被害をもたらしています。異常気象が発生すると、予期しない何らかの被害が生じる可能性がありますが、異常気象を予見することはできません。予見できない異常気象の被害までもが説明事項になることはありません。通常の雨でも浸水被害を受けているアパートであることを媒介業者が知っていた場合、または知り得る状況にあったときには説明義務があります。低地に建っている、近くに川があるなどで浸水被害を受けやすい状況にあるときは、過去の被害の有無などを貸主に確認しておきましょう。

ザー…
よく降りましたね
異常気象かなー
RRR
はい
えっ床下浸水!?
先日の大雨で浸水被害を受けた
重要事項説明では浸水被害を受ける可能性があるとは何も説明してない
わかっていれば別のアパートを選んでいた
損害を賠償してくれ
先般の雨で周辺の家屋も多くの被害を受けております
特にそのアパートだけ被害が大きいというわけではありません

こうした異常気象の予見まではムリですよね
予見できない気象の被害までもが重要事項説明になることはないね
ただし、通常の雨で浸水被害が出るようなアパートと知っていたのにそれを告知しなかったら説明義務違反になる
その物件が低地にあるとか川の近くにあるという場合は被害の有無を貸主に確認しておく必要があるね
こういう情報はインターネットでも得ることができる

7 安全上に問題のある違反建築物

５階建てビルの屋上に建った２ＤＫの部屋を借りたＦさんは、入居から３カ月経った頃に消防署の職員の訪問を受け、この建物が消防法の基準に適合しておらず違反建築物であることを聞きました。仲介した業者に連絡すると「心配いりません。所有者にも連絡が来ていますが、Ｆさんには何の問題もありませんよ」と言うので、「安全上の問題があると聞きましたが？」と聞くと、「大丈夫です。役所だからささいなことを大げさに言っているだけです」と言います。さらに「違反建築物で安全上の問題があるのなら説明する必要があったのでは？」と聞くと、「だから賃料は安くなっている。心配なら出ていけばいい」と……。

【解決へのアプローチ】

売買の媒介に際しては、建築基準法等の法令に適合した建物であるか否か調査していますが、賃貸の場合は一部の法令上の制限のみが調査の対象にすぎませんので、違反建築物等に気付かないこともあり得ます。しかし、違反建築物の疑いが強い場合には調査をして確認する必要があります。媒介する賃貸物件が違反建築物であり、さらに安全上の指摘、是正を求められている建物であることを知っていて告げなかった本事例の場合、重要事項説明義務違反は明白です。建物の安全性に問題があることが明らかな物件は、重説の問題だけではなく、媒介する行為そのものが取引の相手方の信頼を裏切る行為になります。

それって
ひどい話
ですね
信じられんな
断って
おくけど
この
仲介業者は
オレじゃ
ないからね
格安物件
では
よくある
話だが
ほかにも
こんなのが
あった
ビルの
屋上の
部屋か
3カ月後
カッコいいし
おまけに
賃料も
安い
決めた
消防署
です
えっ
消防法
違反!?

心配無用、大げさにいってるだけで、借主には何の責任もありません
しかし安全性に問題があると聞いた
役所のいうことは一般論です
違反建築物で安全上の問題があるというのは重要事項説明に違反している
だから賃料も安いのです
心配なら出ていってください
違反建築の疑いが強い物件は調査が必要だ
万一、これを知っていて告知しないと悪質な重要事項説明義務違反になる
建物の安全性に問題があることが明確な物件は媒介することそのものが信頼を裏切りますね
宅建業法31条にも「取引の関係者に対し信義を旨とし、誠実に業務を行え」とある

8 隣地建物の建築で陽当たりに影響が……

1年ほど前に当社の仲介で3階建てアパートの1階部分を借りたGさんが来店し「南側に3階建ての建物が建ち、陽当たり・眺望が悪くなった。『建築計画は聞いてないのですぐに建物が建つことはないでしょう』と言ったのに、1年も経たないうちに建ったじゃないか。いま3階の部屋が空いている。同じ賃料で移れるように責任を持って交渉してほしい」と言います。断ると「虚偽の説明による宅建業法違反で訴える！」と……。1年前には「駐車場の南側敷地について、建築計画は聞いていません」と説明しました。Gさんは「できるだけ安い賃料の部屋を借りたい。すぐに建物が建つことはないだろう」と、賃料の安い1階を選んだのです。

【解決へのアプローチ】

眺望・通風・陽当たり等に影響を及ぼす建物が、隣接地や近隣に建築されることを知っている場合には、「取引に重大な影響を及ぼす事項」として説明することが必要であるのは、賃貸においても同じです。しかし、借主から特段の調査依頼がある場合などを除き、積極的な調査義務まではないと考えられます。実務においては、陽当たりを阻害する建物が建てられると、媒介業者に対してその責任を求めることはよくあることです。建築計画を知らない場合には「建築計画は聞いていません」でよいのですが、「将来建築物が建設された場合には、何らかの影響を受けることがある」ことを言い添えておくようにしましょう。

いいアパートだ
3階建てです
できるだけ安い賃料がいいから1階にします
ありがとうございます
この駐車場の南側の敷地に何か建つ予定はあるのかな？
今のところ建築計画は聞いておりません
1年後
アパートの南側に3階建てのマンションが建って陽当りが悪くなった
あのとき建物が建つことはない、といってたが1年も経たないうちに建ったじゃないか！
責任をとり今の賃料で3階の空いている部屋に移れるようにしてほしい
それはムリです

重要事項の虚偽の説明による宅建業法違反で訴えてやる
そんな
お客様
これは当初建築計画を聞いておりませんので違法とはいえません
調査をしたのか？
特段の調査依頼がない限り仲介業者は「知り得る」範囲で説明すれば義務を果たします
なんとかしてくれ
隣地建物建築で陽当りが阻害されたりすると、こういう訴えはよくある
今回、我々に落ち度はないが
将来建築物が建てられたら影響が出る、というのを言い添えておけば万全だった

9 電車の騒音・振動で眠れない

Hさんから「駅に近くて通勤に便利な物件を」という希望を受け、駅から3分ほどの線路沿いに建てられた新築のアパートを案内し、その日のうちに契約を締結しました。ところが、入居の数日後、「夜、遅い時間まで電車が通り、騒音と振動で眠れない。こんなに騒音・振動がひどいことを説明しなかった。契約を解除するので、損害を賠償してほしい」と電話がありました。案内時にも電車が数本通りましたので、騒音の程度と振動についても了解したうえで借りることを決めたと思っています。重要事項説明では騒音・振動については現地で確認してもらいましたので、特に説明していません。説明義務違反はないと思いますが……。

【解決へのアプローチ】

借主に現在または将来にわたり不利益や負担を生じさせるものについては、重要な事項として説明が必要です。現地等において借主が確認することが可能な不利益事項であっても、原則として説明することが必要と思われます。しかしながら、本件のように、借主が、現地において明らかにその不利益事項について認識、確認できるものについてまで、説明義務があるとはいえないでしょう。実務では「騒音・振動はどうでしょうか？」と尋ねられたら、「感じ方には個人差がありますので、ご自分でよくご確認ください」と本人に確認してもらいます。「そんなに気にならない」「大丈夫ですよ」などの言い方はしないようにします。

ここは駅から近くていいいな
ガー
線路の近くなので騒音や振動があります
カンカンカン
このくらいなら大丈夫だろう
契約する
通勤やお買い物には大変便利ですね
ガー
そうだな
数日後
えっ契約を解除したい？
振動と騒音で眠れやしない
こんなにひどいとは説明を受けなかった
損害を賠償してほしい

借主に不利益が生じることについて説明が必要なことはいうまでもない
現地において確認できるものについても原則として説明は必要だ
ガー
カンカンカン
しかし、本件のように明らかに認識・確認できる事項については説明義務違反があるとはいえないだろう
騒音や振動はどうですか？
感じ方は個人差がありますのでご自身でご確認ください
こうした対応でいい
間違っても「気にならない」などの言い方はしないことだ
駅に近くて静かな借家はあり得ないですよね
仲介にあたってはデメリットをしっかり認識してもらうことが大切だ

10 建物内で「幽霊が出る」というウワサがある

当社の媒介で3カ月ほど前に店舗併用住宅を借りたIさんから「夜半、店舗の中で誰もいないのにガタガタと音がしたり、重量物が移動していたりする。人の形をした白い影を見た従業員もいる。近隣で聞くと以前よりこの建物には『幽霊が出る』というウワサがあることを聞いた。従業員も怖がっているので契約を解除する。貸主と仲介業者には説明義務違反がある。店舗の改装などにかかった費用を負担してほしい」と電話がありました。貸主は「過去に建物で事故があったということもないし、悪いウワサをたてられて迷惑している」と言います。当社もこのウワサは知っていましたが、ウワサですので説明はしませんでした。

【解決へのアプローチ】

宅建業法は、このような心霊現象についての〝ウワサ〟についてまで説明は求めていませんが、「幽霊が出る」というウワサは取引の判断に重大な影響を及ぼす事項であると思われるので、一定の調査・確認は必要だといえます。このようなウワサを聞いた場合、貸主・所有者等に「この建物では過去に忌まわしい事故や事件がありましたか?」等と確認します。過去に事故や事件があるのであれば、心霊現象との因果関係は定かではありませんが、かなり以前の事故などであってもそのことは説明しておくべきだと思われます。

本件貸主・媒介業者に説明義務違反等があるとはいえません。

えっ
ゆ、幽霊!?
夜中に誰もいない店の中でガタガタ音がしたり、白い人影を見た従業員もいるんだ
聞けば近所でもこの建物には幽霊が出るとウワサになっているというじゃないか
従業員も怖がっている
契約のときはそんな話は聞かなかった。説明義務違反だ!
貸主
この建物で事故や事件は何もない。そんなウワサで大迷惑だよ
私もそのウワサは耳にしたことがありますがあくまでウワサなので説明する必要もないと思っていました

うーむ
宅建業法では心霊現象の「ウワサ」まで説明する義務はないがね
本件も説明義務違反にはならない
「ウワサ」はどう扱えばいいのでしょう
幽霊が出るというウワサなら取引にも影響するから調査・確認は必要だね
貸主などに過去の事件事故について確認し、もし、あればそのことは借主に説明しておくべきだ
根拠のないウワサを説明することはできないが、トラブルを避けるためには貸主の了解を得て説明しておくことも必要だね
こういう物件の媒介をするかどうかを判断することも大切ですね

11 前入居者が刑事事件で逮捕されていた

当社で仲介したアパートの借主Jさんから「先日、風体のよくない人の訪問を受け、△△は居るかと尋ねられた。自分は『2週間前に入居したばかりで知らない』と答えたが、隣室の人から、△△はこの部屋の前入居者で、2カ月ほど前に殺人事件を起こし逮捕されたことを聞いた。その前入居者は暴力団関係者ではないかということも聞いた。前入居者がそのような人であると、不安である。知っていたら借りなかった。説明義務違反ではないか。退去を考えている。支払ったお金全額の返還と引越し費用を支払ってほしい」と電話がありました。前入居者のことまで説明する義務はないと考えていますが……。

【解決へのアプローチ】

宅建業法は「宅建業者の相手方等の判断に重要な影響を及ぼすこととなるもの」について、故意に事実を告げず、または不実のことを告げる行為を禁止しています。つまり、賃貸物件を賃借するか否かの判断をするにあたり、重要な影響を及ぼす事項は説明義務があると規定しています。

しかし、前入居者がどのような人であったかは、これから入居する人の生活に影響を及ぼすことは通常はありませんので、たとえ本件のような事件を起こした前入居者がいたとしても説明義務はありません。前入居者が迷惑行為を行っていたとしても、契約時点で、退去によりその脅威が存在していなければ同様に説明する必要はありません。

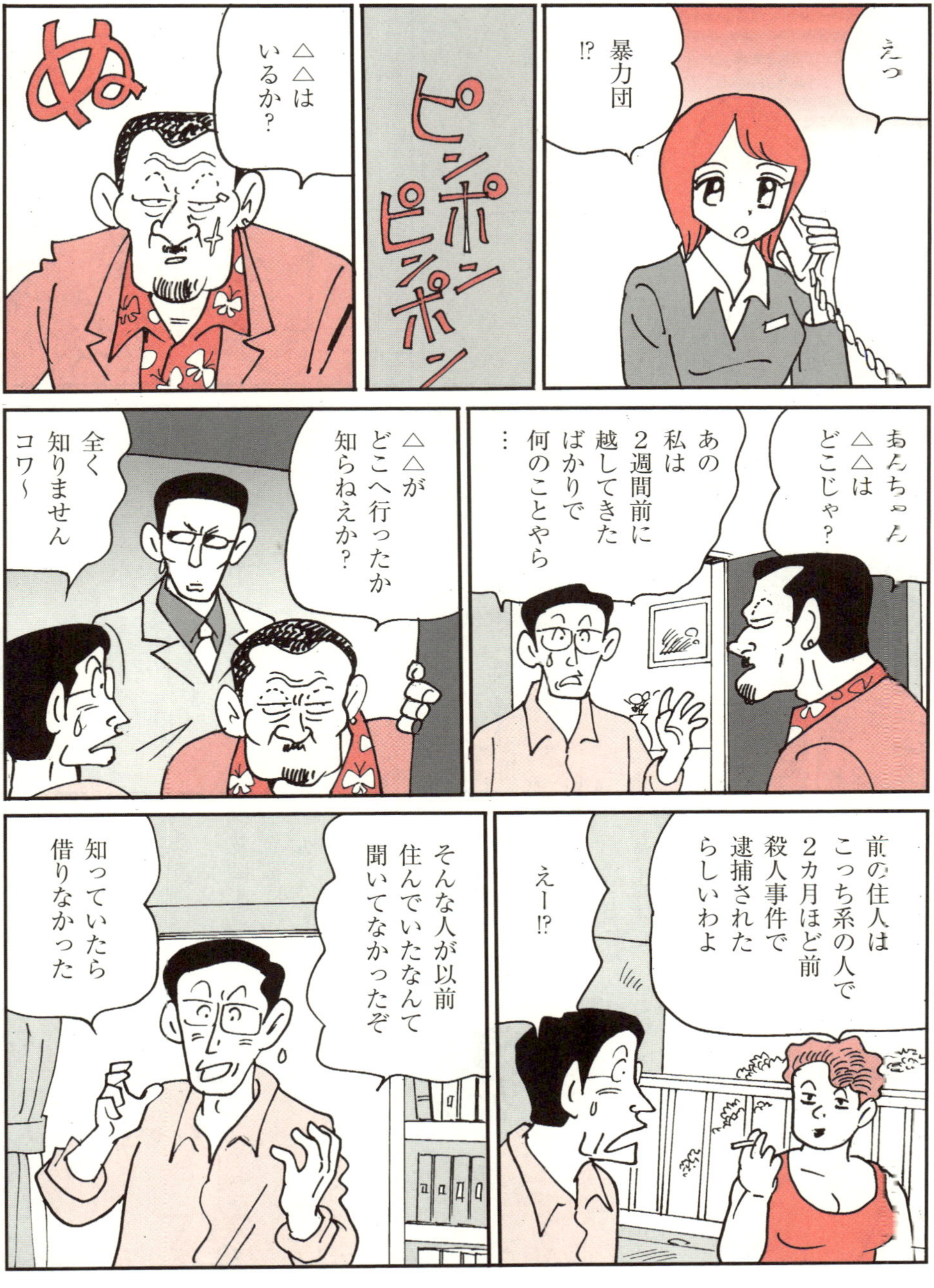
えっ
暴力団!?
ピンポーン
ピンポーン
ぬ
△△はいるか?
あんちゃん△△はどこじゃ?
あの 私は2週間前に越してきたばかりで何のことやら…
△△がどこへ行ったか知らねえか?
全く知りません コワ~
前の住人はこっち系の人で2カ月ほど前殺人事件で逮捕されたらしいわよ
えー!?
そんな人が以前住んでいたなんて聞いてなかったぞ
知っていたら借りなかった

重要事項説明義務違反だ
退去したいから礼金と敷金を返して引越し費用を支払ってくれ
前入居者のことまで説明する義務はありません
宅建業法では相手方等の判断に重要な影響を及ぼすこととなるもの――について、故意に事実を告げなかったり、ウソをいうことを禁じている
しかし、前入居者がこれから入居する人の生活に影響を及ぼすことは通常はあり得ない
前入居者が迷惑行為をしていたとしても退去した現在はその脅威はないからね
はい

12 近隣に暴力団事務所がある

分譲マンションの一室の賃貸借を媒介して契約が成立しました。借主Kさんは2週間後に入居予定でしたが、契約から5日後、Kさんから「近くの○△ビルの1階は暴力団事務所であることを聞いた。通勤、通学路の途中にあり、安心して生活できない。契約を解除する。この地域に住んでいる人は、○△ビルの1階が暴力団事務所であることは皆さん知っているというではないか。貸主も仲介業者も知っていたはずだ。説明義務違反だ。引越し費用その他被った損害を請求する」と電話がありました。暴力団事務所の存在は知っていましたが、物件から離れており、別ルートの通学路もあるので説明しませんでした。

【解決へのアプローチ】

暴力団事務所の存在は、周辺住民の平穏な生活に脅威を与え、安心・安全な生活環境に重大な影響を及ぼすことから、環境または心理的瑕疵とされています。媒介業者はその存在を「知っている」場合には説明義務があり、「知り得る状況」にあるときには調査確認義務が生じます。暴力団事務所は暴力団の拠点となっていますので、近隣のみならず広い範囲の住民の生活に重大な影響を及ぼす可能性があります。「○mの範囲内」という基準はなく、通常の生活圏内（広く捉える）に暴力団事務所が存在することを「知っている」ときには説明することが必要です。本件では、説明義務違反と言われても仕方がありません。

えっ
暴力団事務所!?
○○ビル
近くの○○ビルが暴力団事務所だ
契約して5日目に近隣の住民に聞いたんだ
通勤、通学路の途中にあるから安心して生活ができない
この近辺では皆さん知っているというじゃないか!
近く入居予定だが契約は解約だ
重要事項説明義務違反だから損害を請求する
知ってはいましたが——
物件は生活圏と離れていると考えていました

うーむ
本件は説明義務違反といわれてもしかたないな
はい
暴力団事務所の存在は環境または心理的瑕疵とされている
暴力団事務所の存在による地域住民に与える脅威は広範囲に及ぶ
何メートル以上なら大丈夫というものではない
生活圏内に関係団体事務所があることを「知っている」ときは説明する必要がある
舞元町一番街
はい

13

隣の入居者が暴力団組員であった

当社で媒介したアパートの借主Lさんから「先日、引越しの挨拶回りをしていたら、隣の入居者から『最近シャバに出てきたばかりで勝手がわからない。よろしく頼みます』と言われビックリした。他の入居者から暴力団組員らしいと聞いた。知っていたら借りなかった。怖くて住めない。なぜ教えてくれなかったのか、説明義務違反だ。契約を解除する。責任をとれ！」と言ってきました。隣室住戸は奥さん名義の契約になっていて、同居者が暴力団組員であることは知りませんでした。これまで、何か問題が起きたことはなく、現在も問題は生じていません。もし、このことを知っていた場合には説明義務があるのでしょうか。

【解決へのアプローチ】

暴力団事務所と異なり、暴力団組員が居住していることが直ちに重要事項の説明事項とはなりません。当該組員が迷惑行為を行っているなどの場合はその事実を説明する必要がありますが、そのような行為もなく他の入居者と同様に通常の生活をしているのであれば、とり立てて暴力団組員であることを説明することはできません。組員にも守られるべき人権・プライバシー等があります。ただし、契約書に暴力団排除条項がある場合には、貸主は当該組員が迷惑行為等を行っていないとしても、約定に基づき当該組員との契約を解除できます。逆に貸主が解除権を行使しないと、他の居住者から契約違反を問われる可能性があります。

えー
隣の居住者が暴力団員!?
そうなんです
隣に越してきたLです
こりゃどうも
わしも、最近シャバに出てきたばかりでね
よろしく頼みます
へ!?
あの人は暴力団員らしいよ
えー!?
というわけだ
知っていたら借りなかった
怖くて住めない
説明義務違反だ
契約解除したい
隣の居住者のことまでは知りませんでした

その隣人が迷惑行為を行っているときはその事実を説明する義務はある
でも暴力団組員とはいえ普通に生活しているのであれば、説明することはできないし、その人にもプライバシーがある
ただし、契約書に暴力団排除条項がある場合は異なる
暴力団排除条項
貸主は当該組員へ契約解除を求めることができる
貸主が解除権を行使しないと他の住民者から契約違反を問われることもある
暴力団員が居住している物件は何らかのトラブルが発生する可能性が高いので仲介はしないようにすべきだね

14

大規模修繕工事で生活に支障が生じた

半年ほど前に当社の媒介で分譲マンションの一室を借りたMさんから「このマンションで大規模修繕工事が開始され、足場が組まれて陽当たりが悪くなり、職人さんがバルコニーに入ることもあり洗濯物も干せない。これから半年近くこの状態が続くようで大変不便な生活を強いられている。知っていたら違うマンションを借りていた。工事期間中の賃料を半分にしてほしい。貸主が拒否するのであれば、説明を怠った仲介業者が負担してほしい」と言われました。大規模修繕工事についてて貸主からは聞いていませんでした。また、大規模修繕工事について特に調査もしていないので知りませんでしたが、調査義務があるのでしょうか。

【解決へのアプローチ】

売買においては、大規模修繕計画の有無について、調査・確認しています。各区分所有者に一時金等の金銭負担が生じることもあり、説明事項となっています。賃貸借においては、借主に修繕費用の負担は生じませんので、大規模修繕について特段の調査は実施しないのが通常であり、調査義務もありません。しかし、工事が実施されると事例の借主のように不便を強いられるのは事実ですので、知っている場合は説明しておくべきです。このような苦情相談は少なくないので、無用のトラブルは避けるようにします。もっとも、工事が完了すれば、借主は、より快適な生活環境を享受できることになります。

え？
大規模
修繕工事？
半年ほど前に
分譲マンションの
一室を
借りたのだが
修繕工事が
始まったのだ
足場が組まれ
陽当りも悪く
なっている
こんなことを
知っていたら
借りなかった
工事期間中の
賃料を半分に
するか、
説明しなかった
業者が負担しろ
そのマンションの
大規模修繕に
ついては
貸主から
聞いておりません
特に
調査も
しておりま
せんでした

分譲マンションでは大規模修繕計画の有無については金銭負担が生じるから調査・確認をするが、賃貸借物件では特に調査はしないのが通常だ
借主には修繕費用の負担がありませんからね
こんな苦情もあるのですね
この場合は知っていれば説明責任があったといえるが知らなかったのだから説明義務違反とはいえないだろう
借主には半年後には今より快適な生活環境に生まれ変わるわけだから納得してもらうしかないですね

15

建物の構造を間違えて説明した

当社の媒介で賃貸マンションの一室に入居しているNさんは、上の階の居住者と音のことでトラブルになっています。Nさんは「重要事項説明において、この賃貸マンションの構造は鉄筋コンクリート造と説明しているが、実際は鉄骨造である。鉄筋コンクリート造だから契約したのに、鉄骨造で音が響きやすく上の階とトラブルになっている。説明を間違えた仲介業者に責任がある。契約は解除して損害を賠償してもらう」と主張しています。重要事項説明書には登記簿記載のとおり「鉄筋コンクリート造」と記入しましたが、実際は鉄骨造です。広告にも鉄骨造と表示しています。重要事項説明の際「登記に誤りがあり実際には鉄骨造である」ことの説明が抜けてしまいました。

【解決へのアプローチ】

建物の貸借の重要事項説明書における「建物の構造」の記載は、登記簿の記載のとおりに記入するのが原則です。本件でも原則どおりに重要事項説明書に記載していますが、自ら認めているように実際には登記簿の記載に誤りがあることを知っており、広告においても鉄骨造と表示しています。重要事項説明書の記載・説明に不備があったことは否めません。しかしながら、借主が鉄筋コンクリート造に限定して媒介を依頼していたなどの特段の事情がある場合はともかく、広告では正しく表示されていること、直接の原因は上階とのトラブルであることからも、借主が主張するほどの責任が媒介業者にあるとはいえません。

仲介してもらったマンションの構造は鉄筋コンクリート造だからと契約したのに実際は鉄骨造だった
おかげで上階の音が響いてトラブルになっている
重要事項説明で間違った説明をしている
契約を解除したいし、損害も賠償してもらうぞ
広告にも鉄骨造としております

登記簿には鉄筋コンクリート造となっており、重説でも、そのように説明しましたが、登記に誤りがあったのは事実です
やっぱりそちらの責任だろう
建物の構造の記載は登記簿の記載どおりに記入するのが原則なのですが、記載に誤りがあったことは認めます
しかしながら特に鉄筋コンクリート造に限定されていたとはお聞きしておりません。広告は正しく表示してあります
そんなこといっても現に迷惑を被っているんだ
本件は鉄筋コンクリート造というより、上階とのトラブルが原因と思われます
それは仲介業者の責任ではありません
う

16

5年前の自殺事故を説明していない

半年前に当社の媒介でアパートの一室に入居したOさんから「他の入居者から、この部屋では5年前に自殺事故があったということを聞いた。そのことを知っていたら当然借りなかった。契約は解除するので費用はすべて返してほしい。説明義務違反があるのだから、引越し費用なども負担してほしい」と電話がありました。5年前に入居者が自殺したのは事実です。その後、その部屋は2度借主が入れ替わっていますが、特段の問題は生じていません。事故後、最初の借主の方には自殺の説明をしましたが、2年間何事もなく借りていただいたので、次の方からは自殺について説明していません。義務違反があるでしょうか。

【解決へのアプローチ】

何年前の自殺事故まで説明義務があるかについて示された基準はなく、その後の利用状況、地域（都市部、郊外）、近隣住民の関心の度合いなどを斟酌して判断することになります。事故後の経過年数とともに、その後の利用状況は自殺事故による嫌悪感の減少に大きな影響があります。事故後に新たな借主が居住して生活することにより嫌悪感は格段に薄れると考えられます。都市部のアパートの事例において「特段の事情がない限り、2番目の借主には告知義務はない」と明確に判示した裁判例があります。自殺後、特段の問題もなく、3番目の借主であることから説明義務まではなく、違反はないと考えられます。

えっ⁉
自殺の部屋⁉
同じ階の人からこの部屋で自殺事件があったと聞いたわ！
そんなことを知っていたら借りなかった
説明義務違反よ
契約を解除して引越し費用も負担して！
たしかに自殺はありましたが5年前です
その後2度も借主が入れ替わっております
最初の人には自殺の件はお話ししましたが2年間何事もありませんでした
次の人には自殺の件はお話ししておりません
その人たちの感受性と私は違うのよ！
冗談じゃないわ

自殺事故について 何年後まで 説明義務が あるとは 決まって おりません
経年数で 嫌悪感も 減少します
特に今回のように 新たな借主が 居住した場合は 嫌悪感は 薄まります
裁判でも 2番目の借主には 告知義務はないと 判例が出ております
3番目の 借主には 説明義務は ないと 考えます

東京地裁 平成19年8月10日判決 （一部抜粋）

自殺による嫌悪感も、もともと時の経過により希釈する類のものであると考えられることに加え、一般的に、自殺事故の後に新たな居住者である賃借人が一定期間生活をすること自体により、その前の賃借人が自殺したという心理的な嫌悪感の影響もかなりの程度薄れるものと考えられる…（中略）…自殺事故の後の最初の賃借人には自殺事故があったことを告知すべき義務があるというべきであるが、当該賃借人が極短期間で退去したといった特段の事情が生じない限り、当該賃借人が退去した後に本件貸室をさらに賃貸するにあたり、賃借希望者に対して本件貸室内で自殺事故があったことを告知する義務はないというべきである。

17

隣の住戸では1年前に自殺があった

アパートに入居したばかりのPさんから「挨拶回りに行ったら、隣の部屋では1年前に自殺があったと聞いた。どうして説明しなかったんだ。気持ちが悪い。説明義務違反だ。責任をとれ！」と電話がありました。「隣の部屋も次の日曜日には、新たな借主が入居します。その方はもちろん自殺のことはご存知です」と言うと、「その人には説明して、なぜこちらには説明しなかったんだ。賃料は半分にして手数料は全額返せ！」と強硬に言います。自殺のあった部屋のほうが先に契約（通常賃料の半額で）が済んでいましたが、入居はPさんが先になりました。自殺物件に入居者が決まったので、隣室のPさんの重要事項説明では説明しませんでした。

【解決へのアプローチ】

自殺により、隣の住戸にまで心理的欠陥といえるまでの嫌悪感を与えるか、言い換えると、隣の住戸の自殺事故についても宅建業法上の説明義務があるかという問題です。これについても前事例で紹介した裁判（東京地裁　平成19年8月10日判決）では「自殺があった部屋に居住することと、隣接する住戸に居住することとの間には、常識的に考えて、感じる嫌悪感の程度にかなりの違いがあることは明らかである」として、告知義務はないことを明確に判示しています。まして、自殺した部屋に人が居住している場合、嫌悪感は格段に薄れるといえ、居住者に配慮する必要性もあり、説明すべき事項ではないと考えます。

えっ
自殺!?
入居のあいさつ回りに行ったら隣の部屋で一年前に自殺があったと聞いた
どうして説明してくれないんだ
隣の部屋には来週、新しい入居者が入ります
もちろんその方は自殺のことはご存知です
その人はその人だ
わたしはデリケートなんだ
なぜこちらに説明がないのだ
これは重要事項説明義務違反だ
責任をとって賃料を半額にしろ
手数料は返せ!
引越ししたばかりだぞ
隣室にまで説明義務はあるのでしょうか?

自殺による
居住者への
嫌悪感は
当然考慮し、
今回も
その部屋の
賃料は半分に
してもらった
しかし
隣の住戸までは
考える必要は
ないだろう
139ページの判決でも
自殺があった部屋と
隣室では嫌悪感に
大差がある――と
している
隣の住戸への
告知義務は
原則として
ないといえる
本件も
自殺のあった部屋には
居住する人が
いるわけだから
嫌悪感も格段に
薄まると思える
特に自殺のあった
部屋に居住者が
いるときは、
その居住者の
平穏な生活を
害するような
言動はしては
ならない
居住者がいる
場合には、説明
しなくてもよい

18

前入居者が敷地外で自殺していた

2日前に契約したばかりで、まだ入居前の借主Qさんが来店し「昨日、隣の人に挨拶に行ったとき、入居する部屋の前入居者は自殺したと聞いた。そんな説明は聞いていない。契約は解除する」と言います。「前入居者が自殺をしたのは事実ですが、その部屋で事故があったわけではありません。自分で借りていた近くの駐車場の自分の車の中で自殺したもので、物件に瑕疵はありません。契約を解除することはできますが、敷金と契約前の火災保険料以外は返金できません」と答えました。しかし、「説明義務違反があるのだから、仲介手数料も全額返すべきだ」と主張します。敷地外の自殺なので説明義務はないと思いますが……。

【解決へのアプローチ】

前入居者が借りていた部屋で自殺をしていた場合は、当然にそのことは「契約の判断に重要な影響を及ぼす事項」に該当し説明事項になります。しかし、その自殺が賃貸物件とは関係のない場所でのことであれば、賃貸物件が物理的に汚損されたわけでもなく、賃貸物件に心理的瑕疵も生じていませんので、説明義務はありません。本件が、アパート敷地内の駐車場の中での自殺であれば、自殺を図ったのが前入居者でない場合であっても、敷地内駐車場で自殺があったことそのものが、嫌悪感を与える説明すべき事項ということになります。しかし、本件は敷地外での自殺事故ですので、媒介業者の主張は妥当なものです。

あ、鈴木さん、このたびはご契約ありがとうございます
契約を解除します
え？2日前に契約されたのにですか？
入居する部屋の前居住者が自殺したというじゃないですか！そんな説明は聞いていませんわ全額返してください
わたし霊感が強いのよ
確かにその方は自殺をされました
しかし敷地外の駐車場の自分の車の中でです
車の中だろうがどこだろうが入居者が自殺したなんて気持ちが悪いわ
お気持ちはわかります
しかし物件に瑕疵はありません
契約解除は可能ですが敷金と火災保険料以外は返金できません

どうして!?
説明義務違反でしょう
自殺が賃貸物件と関係のない場所ならば、物件に心理的瑕疵はありません
よって重要事項説明の義務違反にはなりません
もし、これが物件の敷地内の駐車場であれば説明義務があります
それが前入居者でない場合でも自殺そのものが嫌悪感を生じさせますから、説明義務はあります
しかし、本件は敷地外の事故のため説明義務違反ではありません

19

孤独死があり発見が遅れたことの説明

内装・設備すべてをリフォームした部屋を気に入り、入居したばかりのRさんから「この部屋では、高齢で身寄りのない前入居者が死亡して2週間くらい発見が遅れ、大騒ぎになったと隣の人から聞いた。重要事項説明書には、そのことは書いていないし説明も受けていない。説明を受けていたら契約はしていない。他の部屋へ移れるように手配してほしい。説明義務に違反しているので手数料は全額返還してほしい」と申し出がありました。この部屋の前入居者は病気で亡くなったものです。お祓いをしてもらったうえで全面リフォームをしました。自殺ではないので説明は必要ないと考えていますが……。

【解決へのアプローチ】

取引物件において「病気」により死亡した人がいることが、その物件に心理的欠陥という瑕疵を生じさせているとはいえませんので、病気により亡くなった人の存在は、原則として説明事項ではありません。しかし、本件では、死後2週間放置されていたことにより部屋が物理的に汚損されたのと同時に心理的な嫌悪感が生じたと考えられます。これらの汚損・嫌悪感を払拭するためのお祓いとリフォームだと思われますが、嫌悪感を完全に払拭できたとはいえません。この事案では重要事項説明において、改装をした理由を説明して入居の判断を求めることが必要でした。説明義務違反があるといえます。

リフォームしたばかりです
気に入った
後日
おい、キミ
あの部屋で孤独死があったんだって⁉
冗談じゃないぜ・リフォームしたばかりというから入居したらお年寄りが死んで2週間も発見されなかったというじゃないか
そんな説明は聞いてないし、知っていたら入居しなかった
他の部屋に移る手配と手数料を返してくれ
申しわけありません
事実ですがお祓いをしてもらったうえ全面リフォームをして瑕疵や嫌悪感を払拭しました

払拭したと いったって、 こちらは 全く聞いて ないよ
説明義務違反 だろう
確かに 病死の場合は 自殺と違い 説明事項には ならないかも しれない
しかし、本件は 死後2週間放置され、 部屋が汚れたという 瑕疵があり、嫌悪感が あるじゃないか
お祓いや リフォームで払拭 したつもりだろうが 借主には伝わっていない
この瑕疵と嫌悪感は 取引の判断に重要な 影響を及ぼす事項と いえるんじゃないのか?
改装した 理由を 説明すべき でした
そのうえで ご判断を 求めるべき でした

20

神経質な入居者がいることの説明

当社の仲介で2階建てアパートの2階の部屋を借りたSさんから、入居の1週間後「普通に静かに生活しているのに、隣のTから、話し声がする、子供の走る音がする、ドアを閉める音がするなど、たびたびしつこく苦情を言ってくる。他の入居者に聞くと、『Tは異常なくらい神経質な人でみんな避けている。この部屋とTの下の部屋を借りた人は、いつもすぐに出て行ってしまう』と言う。なぜ説明しなかったのか。日常の生活ができないので契約は解除し、仲介責任をとってもらう」と電話がありました。Tさんは確かに神経質な方ですが普通の会社員です。「異常な方がいます」とは説明できません。説明義務違反と言われても……。

【解決へのアプローチ】

一般的に問題になる「迷惑行為」とは少し異なります。管理会社はTさんに「通常の生活音については、がまんしてください」と何度かお願いしていますが、「そもそも音が漏れる建物が悪い」などと、逆に食ってかかられる始末で、お手上げの状態です。事例の状態を媒介業者が知っているときでも、人権、プライバシー等の観点から隣人Tさんの人となりを説明することはできません。しかし、知っていたら借りない判断をするのが明らかといえますので、媒介に際しては、「生活音に対するお隣からの苦情でこれまでの入居者が短期間で退去している」という客観的事実は説明する必要（義務）があります。

え？
お隣の人が神経質すぎて生活できない？
あの2階建てアパートのTさんかい？
またトラブルだわ
話し声がうるさい
子供の走る音がうるさい！
静かにしろ！
わ～
バタン
普通に生活しているのに…
わー
どうかしてるわお隣さん
あのTさんは異常なほど神経質なのよ
この部屋と下の階の人はそれがイヤですぐに出て行っちゃうの
まあ
ヒソヒソ
こういう問題のある入居者が居ることをなぜ教えてくれなかったの？

隣人にもプライバシーや人権がありそういうことはお知らせできないのです…
でもあの人は明らかに異常よ
管理人さんからTさんにお願いしておりました
通常の音についてはがまんしてもらえませんか?
音が漏れるような建物が悪いんじゃないのか!?
こんな調子なのです――
でも、すぐに退去してしまう事実は説明できるのでは?
それが借りる判断になる
そうですね、客観的な事実は説明する義務はありますね
このような物件は賃貸募集を中止したり借主対策の必要性を貸主に対して提案するべきですね

第5章の1

契約（入居）期間中〜修繕義務に関するもの〜

1 台風で割れた窓ガラスの修理費用

昨日の台風で樹木が倒れるなどの被害があり、管理物件においても瓦などが飛び雨漏りの被害が数件ありました。そんななか、借主のAさんから「台風で何かが飛んできてガラスが割れたので取り替えてほしい」と連絡がありました。このアパートには雨戸が付いていますが、Aさんに状況を聞くと雨戸は閉めていなかったということでした。「至急、ガラス補修の手配をしますが、補修費用はAさんの負担となります」と伝えたところ、「台風により割れたガラスの補修費用は、貸主が負担すべきもので借主に負担させるのはおかしい」と言います。Aさんには雨戸を閉めなかった過失があるので、借主負担だと思うのですが……。

【解決へのアプローチ】

ガラスが破損したのは台風による飛来物が原因であり、貸主の責任ではなく、また借主の責任でもありません。破損が貸主・借主のいずれの責任でもない場合、その修繕費用は貸主負担が原則です。しかし、借主には保管義務（＝善管注意義務）があります。本件の場合、アパートには雨戸が設置されています。強い風で、飛来物等により窓ガラスが損傷する危険があるときには、借主は雨戸を閉めて窓が損傷を受けないように保全する義務があります。雨戸を閉めていれば、ガラスの破損は防げた可能性が高いと思われます。雨戸を閉めなかった借主には保管義務違反があり、補修費用の負担も仕方がないことになります。

管理株式会社
昨日の台風すごかったですね
こんな日は忙しくなるわよ
台風で何かが飛んできて窓ガラスが割れた？
横山さんも行ってきて
はい
雨戸は閉めていなかったのですか？
つい忘れてね
至急ガラス補修の手配をしますが補修費用はご負担願います
え？
パチ

これは貸主側が直すべきものだろう
直接の原因は台風による飛来物です
貸主、借主いずれの責任でもありません
ビュウ
当然だろう
両者に責任がない場合は貸主負担が原則ですが…
しかし今回の場合雨戸を閉めていれば破損は防げたはずです
借主には善管注意義務があります
雨戸が付いているのに雨戸を閉めず被害を生じさせたので責任があります
ヒュ～
そんな

2

ドロボー対策の義務があると……

一戸建て住宅の借主Bさんから「勝手口の鍵を壊されドロボーに入られた。前回は窓ガラスを破られ、これで2回目だ。この地域はドロボーの被害が多いと聞いた。警備会社によるセキュリティシステムを導入してほしい」と電話がありました。前回は鍵を取り替えただけで対策は講じませんでした。今回は、鍵を2カ所に増やす提案をしましたが受け入れてもらえません。そこで、貸主はセキュリティシステムにかかる年間費用の折半を再提案しましたが、「ドロボーが入らないようにするのは貸主の義務だ」と主張して提案に応じようとしません。貸主にそこまでの義務はないと思うのですが……。

【解決へのアプローチ】

貸主には、借主が平穏に通常の生活ができるように建物を維持管理する義務があります。維持管理には建物や設備などの物理的な修繕義務と生活の安全・安心を守る安全配慮義務があると解されます。入居者が代わるごとに鍵を取り替える、各戸に緊急ブザーを設置する、オートロックを採用するなどのアパート・賃貸マンションも多くみられますが、これらは貸主が安全配慮義務を積極的に履行しているといえます。しかし、貸主の安全配慮義務は限定的なものです。ドロボー被害の多い警戒地域であるとしても、貸主にセキュリティシステム等の導入義務があるわけではありません。本件の借主の要求は過大と言わざるを得ません。

こんにちは横山さん
あら美山さん
これから○町に行くの
一緒に行っていいですか？
へえあの一戸建てのBさん宅にドロボーが――
2回目なのよ
警備会社のセキュリティシステムにしろというの
鍵を二カ所に設置したいと思いますが…
それではダメだ

セキュリティシステムの導入には費用がかかりますので借主と貸主とで年間費用を折半することでどうでしょう
SESAM
ドロボーが入らないようにするのが貸主の義務だろう！
管理株式会社
鍵を二重にしたり、各戸に緊急ブザーを設置したり、オートロックなどを採用して安全に配慮している賃貸物件も多いわね
貸主には、借主が安全に安心して住める建物を提供する義務があるけれど限度があるわセキュリティシステムの設置義務まではないわね
この要求は過大と言えるでしょうね

3 軒下にできたハチの巣の撤去

甲アパートの借主Cさんから「アパートの軒下にハチが大きな巣を作り、危なくて洗濯物も干せない。至急、取ってほしい」と電話がありました。「ハチの巣は生活上の問題ですので、貸主に撤去義務はありません。われわれ管理業者の業務範囲でもありませんので、ご自分で対応してくださ い」と答えたところ、「アパートにできたハチの巣だから貸主に撤去義務がある。借主が困っているのに何もしようとしないとは、管理業者として業務怠慢もはなはだしい！」とトラブルになってしまいました。建物や設備の不具合や故障の修理は貸主に修繕義務がありますので、すぐに対応していますが、ハチの巣の撤去義務まではないと考えています。

【解決へのアプローチ】

ハチが軒下に巣を作り、アパートに居住する人たちの生活の安全が脅かされています。貸主には、借主が平穏に安全な生活が送れるように建物を維持管理する義務があります。生活の安全を脅かす原因となるハチの巣がアパートの軒下にありますので、貸主にはそのハチの巣の撤去義務がありま す。管理業者は、貸主にその旨の報告を行うとともに速やかにハチの巣の撤去作業を行う必要があります。撤去が遅れたことが原因で入居者等にハチに刺されるなどの被害が生じると大きな問題になってしまいます。なお、大きなハチの巣の撤去には専門家の力が必要ですので、行政窓口にも相談のうえ、迅速かつ適切な対応をとるべきです。

えっ
ハチの巣ですか？
アパートの軒下に大きなハチの巣があって危なくて洗濯物も干せないの
ハチの巣の撤去は貸主さんのほうでお願いします。管理会社の業務範囲ではありませんので――
アパートにできた巣だから貸主に撤去義務があるはずよ責任者を出しなさい
我々は建物の設備や故障などには対応しますがそれ以外は――
いいんですか、あんなこといって…
まずい対応よね
ちょっと失礼

申しわけありません
すぐに対処します
貸主には借主が平穏で安全な生活が送れるように建物を維持管理する義務があるのよ
はい
生活を脅かすものは撤去する義務があります
ハチの巣もですか?
当然よ
借主が被害にあえば我々の責任になります
管理会社は貸主に代わって建物を管理しているのでしょ すぐに手配しなさい 貸主にも連絡を忘れないで
わかりました
被害が出るといけないから行政窓口や専門家に相談してやってよ
ヤレヤレ

4 ボロボロになった畳の取替え費用

賃貸期間が20年以上になる借主Dさんから「長年住んできて、畳がすれてボロボロになっている。ふすま紙も変色してひび割れてしまった。一人住まいで大事に使ってきたが、20年経ったので取り替えていただくよう貸主にお願いしてほしい」と電話がありました。貸主にその旨を伝えると「畳もふすまも勝手に取り替えてかまわないが、費用は居住している借主が負担するのが当り前だ」と言います。借主は「我慢して使ってきたが限界だ。畳だけでも取り替えてほしい」と要望しますが、貸主は拒否しています。雨漏りや設備の故障の修理などは貸主の義務だと思いますが、畳の取替え義務まであるのでしょうか。

【解決へのアプローチ】

貸主は、借主に建物を使用・収益させ、その対価として賃料を得ています。貸主は有償で建物を貸している以上、賃貸した建物が借主の使用に支障をきたしたときには、借主が通常に使用できるように修繕しなければならない義務を負っています。修繕義務の範囲は、雨漏りや備付けの設備の故障などだけではありません。契約時に備え付けられている畳もふすまも修繕の対象になります。畳が劣化・損耗して畳としての品質・性能がなくなれば、原則として、貸主に取替えなどの義務が生じます。ふすまも同様です。したがって、特段の特約がある場合を除き、本件の貸主の主張は正当性を欠いています。

相当傷んでますね
なにせ20年間住んでいるからね
畳もフスマもボロボロだ
一人暮らしだから大切に使ってきたがもう限界だ取り替えてほしいのですが…
貸主
取り替えてもかまわんが
雨漏りとか設備の故障修理は貸主の責任でやってもいいが畳やフスマは借主が負担するものだろう

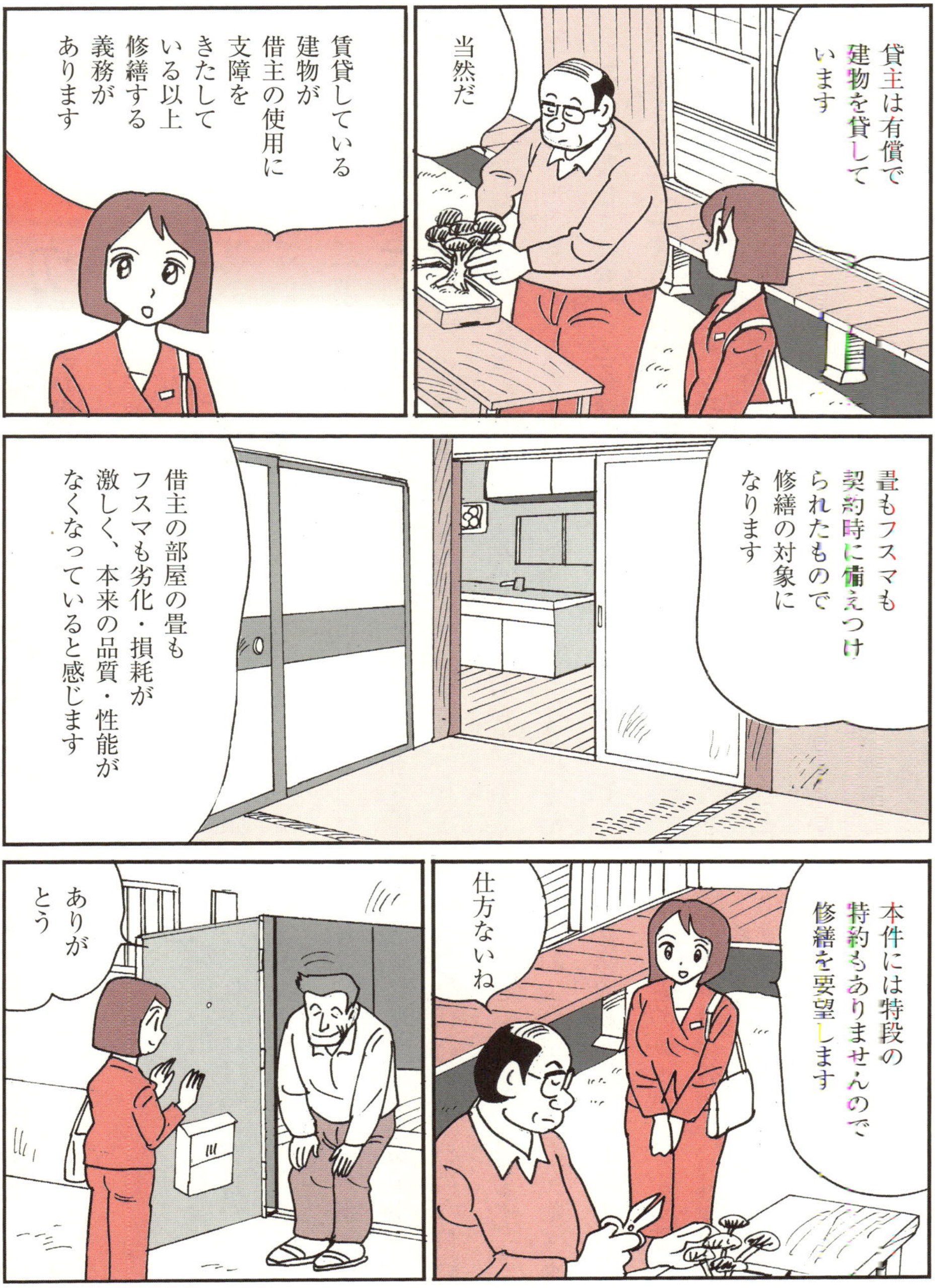
貸主は有償で建物を貸しています
当然だ
賃貸している建物が借主の使用に支障をきたしている以上修繕する義務があります
畳もフスマも契約時に備えつけられたもので修繕の対象になります
借主の部屋の畳もフスマも劣化・損耗が激しく、本来の品質・性能がなくなっていると感じます
本件には特段の特約もありませんので修繕を要望します
仕方ないね
ありがとう

5 切れた電球の取替え費用

アパートの入居者Eさんから「トイレの電球が切れたので、取り替えてほしい」と連絡がありました。「電球の交換は借主の方ご自身でお願いします。契約書の○条に修繕特約があり、電球の交換についても書いてありますのでご確認ください」と答えました。ところが、「貸主には修繕義務があると民法に書いてある。消費者に一方的に不利な特約は消費者契約法で無効と聞いた。特約は無効だから貸主に取り替える義務がある。取り替えなければ自分で取り替えるが、費用は家賃から差し引く」と言います。契約書には「貸主は次に掲げる修繕については義務を負わないものとし、借主はその修繕を自らの負担で行うものとする」とあります。

【解決へのアプローチ】

借主の主張のとおり、貸主には修繕義務がありますので、備付けの電球が切れた場合、貸主は電球の交換をする義務があります。しかし、修繕は借主負担とする特約がある場合、借主が負担することになります。なお、修繕特約は、軽微な修繕に限り有効とされています（ゆえに「小修繕の特約」という）。また、当該特約は貸主の義務を免除するにとどまり、借主に修繕義務が生ずるものではないと解されていることに注意が必要です。つまり、借主は電球を取り替えたいのであれば、自分の費用で行うことになりますが、電球を取り替えなければならない義務まであるわけではない、ということを理解しておかなければなりません。

トイレの電球が切れたから交換してほしい？
電球の交換は借主さんのほうでお願いしております
契約書の○条に修繕特約があります
貸主には修繕義務があるんじゃないのか!?
ジャアァ
消費者に一方的に不利な特約は無効と聞いたぞ
こちらで取り替えるが費用は賃料から差し引くぞ
おっしゃるように貸主には修繕義務があるので、備付けの電球の交換をする義務があります
そうだろ

しかし、契約書には修繕特約があります
無効と聞いたぞ
電球の取替えなど軽微な修繕を借主負担とする特約は有効とされています
でもこの特約は貸主の義務を免除するだけで借主に修繕義務があるわけではありません
ややこしいな
つまり、電球の交換は借主の義務ではありませんが、取り替えるのであれば、その費用は借主負担になります
義務じゃなくても不便だ
賃貸住宅標準契約書8条（改訂前）
貸主は、別表第4に掲げる修繕を除き、借主が本物件を使用するために必要な修繕を行わなければならない。（以下略）
別表第4
畳表の取替え、裏返し
障子紙の張替え
ふすま紙の張替え
電球、蛍光灯の取替え
ヒューズの取替え
給水栓の取替え
排水栓の取替え
その他費用が軽微な修繕
うーん
特約がある以上自分でやるか

6

故障した風呂釜の修繕・取替え費用

入居者のFさんから「風呂釜が壊れて風呂に入れない。至急修理をしてほしい」と連絡を受け、確認すると、古い風呂釜で新規に取替えが必要でした。そこで、借主にその旨の説明をして「至急、工事業者に新しい風呂釜を手配します。費用○万円はFさんが直接工事業者にお支払いください」と伝えました。「耐用年数が過ぎて故障したのに、なぜ借主が費用を負担しなければならないのですか」と聞かれたので、「契約書をご確認ください。風呂釜の取替えは借主負担となっています」と答えました。しかし、「貸主が修理すべきものなのに数万円もの費用は負担できない」と理解してもらえません。工事手配もできずトラブルになっています。

【解決へのアプローチ】

入居期間中に生じた設備などの修繕について借主負担とする特約は、借主に過大な負担とならない限度、つまり、軽微な修繕について有効とされています（前頁事例参照）。負担額の基準があるわけではありませんが、賃貸住宅標準契約書（改訂前）は「単価数百円から数千円程度の費用が軽微な修繕」について借主負担とする特約にしています。風呂釜や給湯器の取替えには、数万円の費用が必要となります。これはもはや小修繕・軽微な修繕とはいえません。多額の費用が必要となる修繕を借主負担とする旨の特約は、無効とされる可能性が高いといえます。本件では特約の効力は否定され、貸主に修理義務があると思われます。

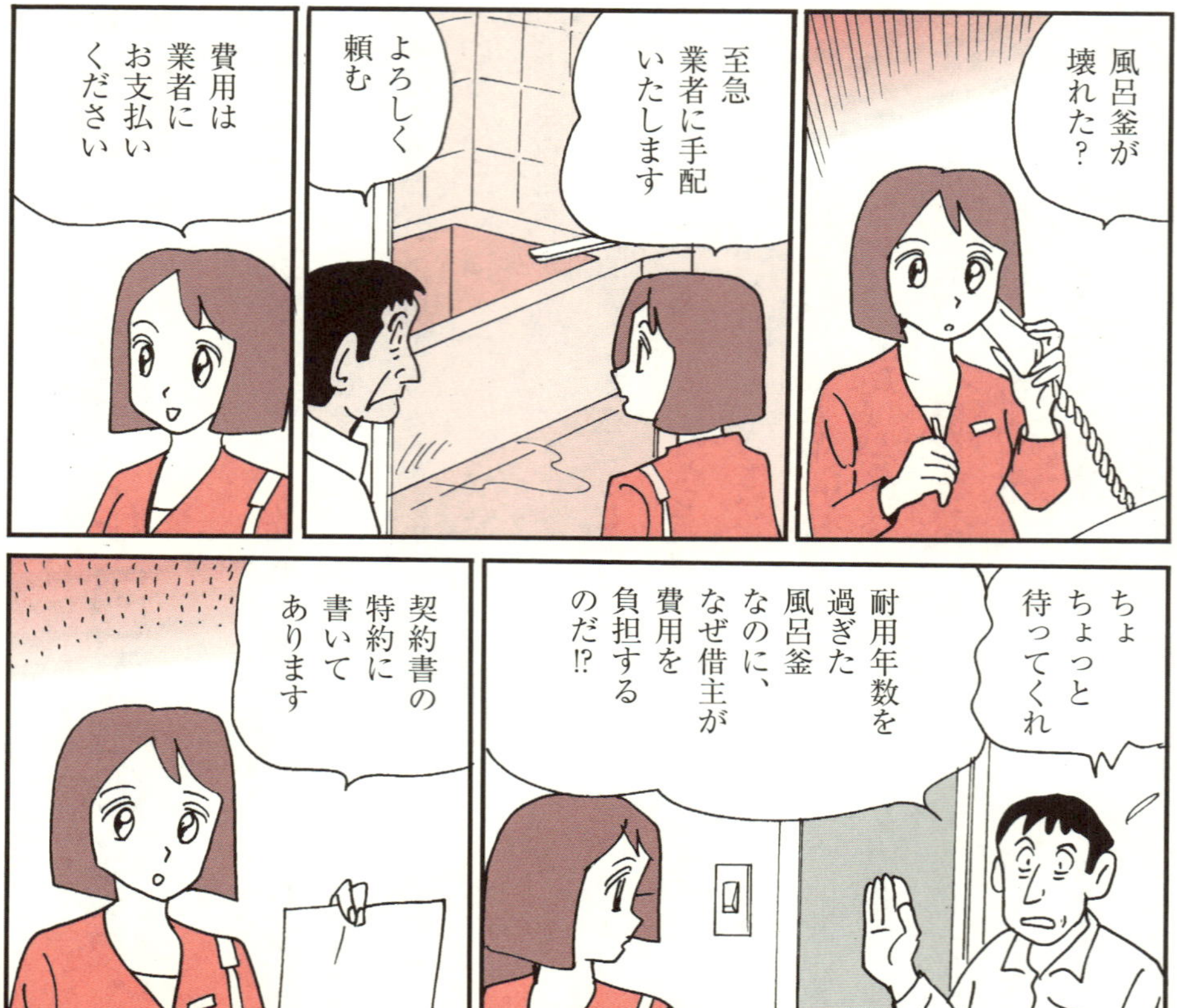
風呂釜が壊れた？
至急業者に手配いたします
よろしく頼む
費用は業者にお支払いください
ちょちょっと待ってくれ
耐用年数を過ぎた風呂釜なのに、なぜ借主が費用を負担するのだ⁉
契約書の特約に書いてあります
そんなバカなことがあるか
3万円もかかるんだぞ！何を言っているんだ
これは貸主の負担だろう

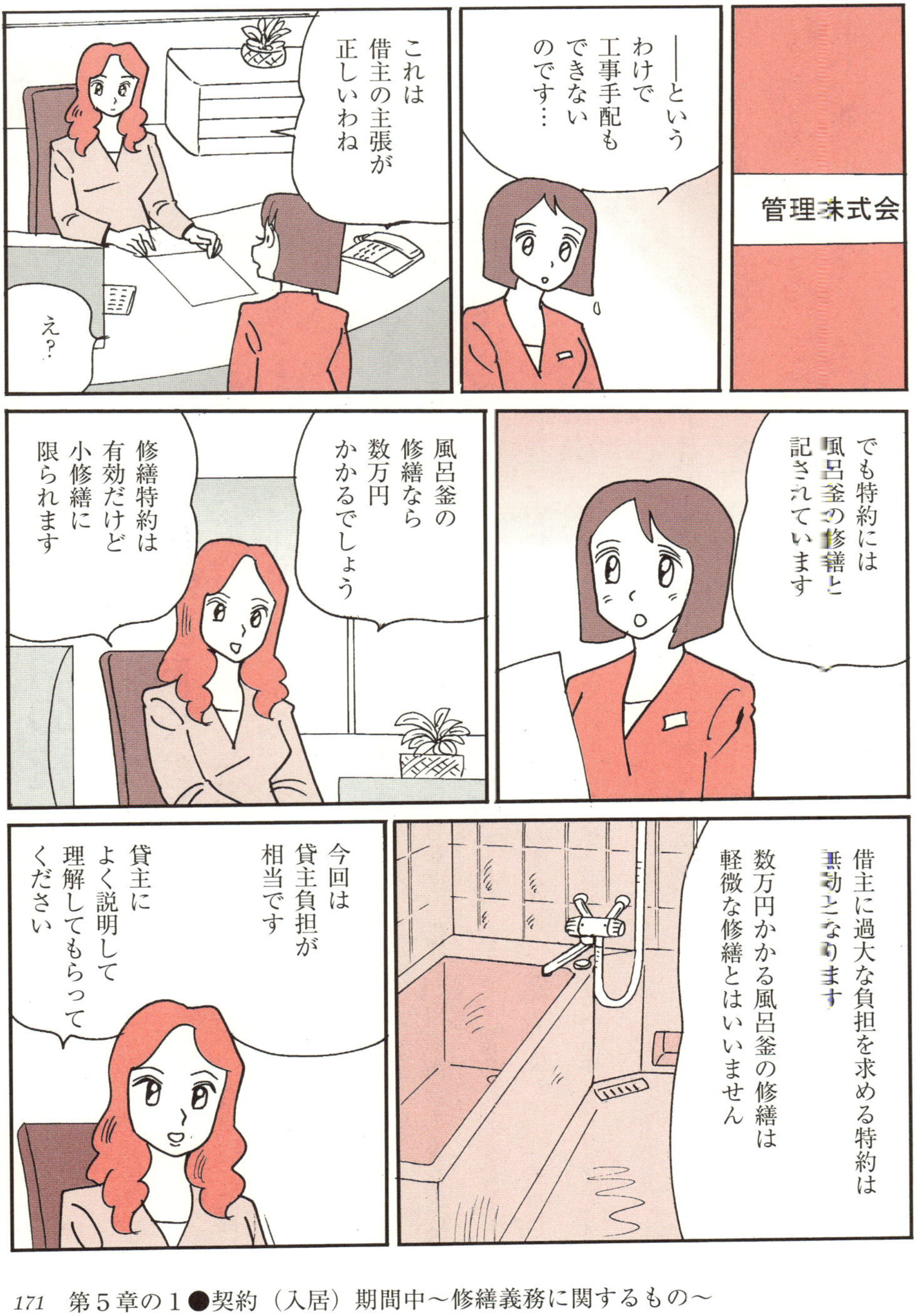

管理株式会
——というわけで工事手配もできないのです…
これは借主の主張が正しいわね
え？
でも特約には風呂釜の修繕と記されています
風呂釜の修繕なら数万円かかるでしょう
修繕特約は有効だけど小修繕に限られます
借主に過大な負担を求める特約は無効となります
数万円かかる風呂釜の修繕は軽微な修繕とはいいません
今回は貸主負担が相当です
貸主によく説明して理解してもらってください

7 立て替えた修繕費用の貸主への請求

2階建ての借家に住むGさんから貸主に「バルコニー修繕工事費用請求書」が送られてきました。Gさんに事情確認の連絡をすると「バルコニーの手すりなどが腐蝕し危険であったので、昨年来、たびたび修繕をお願いしていたはずだ。管理会社も貸主も一向に対応しようとしないから、仕方がないので、自分で工事会社に依頼して工事してもらった。工事代金立替え分の請求書だ」と言います。「貸主は修繕しないとは言っていない。勝手に工事をして請求されても支払えない。工事費用も高すぎる」と言うと、「半年以上も何もしないで、工事費用が高いとは何事だ！」と怒っています。貸主は「勝手に工事をしておいて……」と支払いを拒絶しています。

【解決へのアプローチ】

借主に責任のない事由で借りている建物に不具合が生じ、安全に通常の生活を営むことが困難になった場合は、貸主には建物の不具合を修理する義務が生じます。貸主に修繕義務があるにもかかわらず修繕を行わず、借主が自ら当該工事を実施して工事代金を支払ったとき、借主は貸主に対して、その費用の償還を請求できます。借主の支払った必要費は、直ちに返還請求することができます。本件バルコニーが腐蝕し危険な状態にあったとすると、工事は緊急性を要していたと思われます。バルコニーの腐蝕などの重大な事故が生じる可能性があるものは、貸主・管理会社はともに迅速な対応をしなければなりません。

請求書
バルコニー修繕工事費用
¥0000000
こんなのが借主から貸主のわしに送られてきた
バルコニーの修繕ですね
勝手に工事をしておいて請求書とはけしからん
この借家は―
昨年来バルコニーの修繕をお願いしていたが何の対応もなかったからこちらでやったのだ
手すりも土台も腐食し危険だったのだ
その請求書は工事代金の立替え分だ
Gさん宅のバルコニーの件は私共もお願いしていたはずです
知っておる、何も修繕しないとは言っておらんよ

だが、勝手に工事をしておいて請求書でございはないだろう
おまけに費用が高すぎるじゃないか
支払うつもりはない
えー
バルコニーが腐食し危険であったとすれば工事は緊急性があったと思えます
貸主には借主が安心して生活を送れるように建物を維持管理する義務があります
危険なバルコニーは修理する義務があります
民法608条1項
賃借人は、賃借物について賃貸人の負担に属する必要費を支出したときは、賃貸人に対し、直ちにその償還を請求することができる。
判例（大判昭12・11・16）
「必要費」とは単なる現状維持ないし原状回復のための費用に限らず、目的物を通常の用法に適する状態において保存するために支出された費用をも含む。
もし、バルコニーの腐食で重大な事故があれば貸主の責任ですよ
わかった

8

便器のひび割れによる水漏れ事故の発生

甲アパートの1階に入居して、間もなく1年になるHさんから「帰ったら、トイレの便器から水が漏れ、床が水浸しになっている」と電話があり、すぐに駆けつけました。事情を聞くと、入居して間もなく、便器に小さなひび割れがあり、少し水がしみ出ていることに気付いたが、使用には何らの不都合もないので放置していたとのことでした。原因はひび割れの拡大でした。発見が遅れたことから、下地の合板も取り替える必要があります。「便器の取替えは貸主で負担しますが、床の補修工事費用は全額負担していただきます」と伝えたところ、「ひび割れのある便器を貸したことに責任がある」と負担を拒否しています。

【解決へのアプローチ】

便器にひび割れが生じた場合、貸主に修繕義務が生じます。一方、借主は建物や設備に不具合・故障を発見したとき、遅滞なくその旨を貸主に通知しなければならない義務があります。不具合などを放置しておくと被害が拡大し、その分補修費用が増大するおそれがありますので、借主に通知義務を課しています。本件では、借主がひび割れを発見した時点で貸主または管理会社に通知して、便器を補修または取替えをしていれば、水漏れ事故は発生していません。借主が通知義務を怠ったことで事故が発生して床の補修工事が必要になったのですから、その費用は借主負担が相当といえます。

まあ これは ひどい ですね
帰ったら この ありさまで
急に便器が 割れたの ですか？
いや 一年前に 入居した頃に 小さな ヒビが あったな
通常は 問題が なかったから そのままに していた
ここにきて 急に 割れたんだ
これは 下地の板も 取り替える 必要が あります
急いで 頼むよ
大至急 工事の手配を しますが 床の補修 工事は 借主さんの 負担に なると 思います

ええ!?
ひび割れの便器を貸したからだろう
便器の取替えは貸主が負担します
しかし、借主には建物や設備に不具合、故障を発見したときは、速やかにその旨を貸主に通知する義務があるのです
あれ?
民法615条
賃借物が修繕を要し、または賃借物について権利を主張する者があるときは、賃借人は、遅滞なくその旨を賃貸人に通知しなければならない。賃貸人がすでにこれを知っているときは、この限りでない。
今回はひび割れを発見した時点で貸主や管理会社に連絡し、便器を取り替えていれば水漏れ事故は防げたはず
通知義務を怠ったことが今回の原因です
床修理の費用は負担していただきます
えー

9 結露がひどく部屋が使えない

アパートの借主Iさんから「北側の部屋は結露がひどく、壁はいつも湿った状態で押入れは使えない。畳は拭き掃除をしてもすぐにカビがはえる。家族全員が体調を崩している。何とかしてほしい」と電話がありました。確かに部屋は湿気が多く、結露などによる被害が生じていました。貸主と相談のうえで、壁の一部をはがし断熱材を入れたうえで、下地と内装をやり直し、畳も取り替えました。しかし、断熱材の効果はみられますが、十分に改善されません。貸主は「これ以上のことはできない。不満があるのなら退去したらいい」と言います。借主は納得しません。貸主はどこまで対処する必要があるのでしょうか。

【解決へのアプローチ】

結露に関するトラブルは多くみられますが、解決が困難なトラブルの一つといえます。「結露」とは冷たい外気で壁が冷やされ、室内の暖かい空気がその冷やされた壁に接すると空気中に含まれた水蒸気が水滴となって付着する現象をいいます。建物の断熱性能を高め、二重サッシを採用するなどの結露対策が考えられますが、賃貸建物は建物本体の工事費用が抑えられているのが通常ですので、結露対策が不十分なものが多いといえます。結露により借主の生活に著しい支障をきたした場合は、貸主の修繕義務として、一定の対応が求められますが、限度があります。本件の貸主にこれ以上の対応を求めるのは困難と思われます。

これはひどいですね
結露がすごく壁は湿っていて押入れも使えないの
カビもひどいし家族全員体調も悪いわ何とかしてください
結露とは室内と外気との温度差で、室内の水蒸気が水滴となり、壁などに付く現象
水蒸気
室内（暖かい）
外気（冷たい）
水滴
コップの水滴と同じ現象ね
壁に断熱材を入れ、下地と内装をやり直し、畳も取り替えました

あまり効果がないわ
ガク
やることはやった
貸主
不満なら退去してもらえばいい
賃貸建物は工事費用を抑えていることが多いから結露対策が不十分なことが多いわね
これ以上貸主に負担を求めることは困難です
貸主には修繕義務があるけど、限度もあるわね
これ以上の対策は困難であることを理解してもらいます

第5章の2

契約（入居）期間中

〜契約の更新・解除に関するもの〜

1 定期借家契約への切替えの要求

平成16年に賃貸借期間2年で普通借家契約を締結している借主Aさんに、更新の意思確認の通知をしました。通知書には「引き続き居住を希望される場合、賃貸借期間2年の定期借家契約を締結していただきます。その旨、ご了承ください」と記載されています。数日後、「定期借家契約とはどのような契約ですか。これまでの契約と何が違うのですか」と問合せがあったので、「更新のない契約ですが、契約期間終了ごとに再契約をします」と答えたところ、「これまでと同じ契約にしてください」と言います。改正法後の契約は定期借家契約への切替えが認められているので、拒否するのであれば退去を求めると通知しました。

【解決へのアプローチ】

平成12年3月、借地借家法の改正で定期借家制度が創設、施行されました。定期借家契約は更新がなく期間満了により必ず終了する契約です。借主は契約期間が満了すると建物を明け渡さなければなりません。その点、借主に不利な契約といえます。改正法施行前の契約を定期借家契約に切り替えることはできませんが（平成25年1月時点）、改正法施行日以降に締結された普通借家契約を終了させ、定期借家契約に切り替えることは可能です。しかし、貸主が一方的に、または強制的に切り替えることはできません。借主の同意が必要です。本件のように借主が拒否した場合、従前の普通借家契約が更新されることになります。

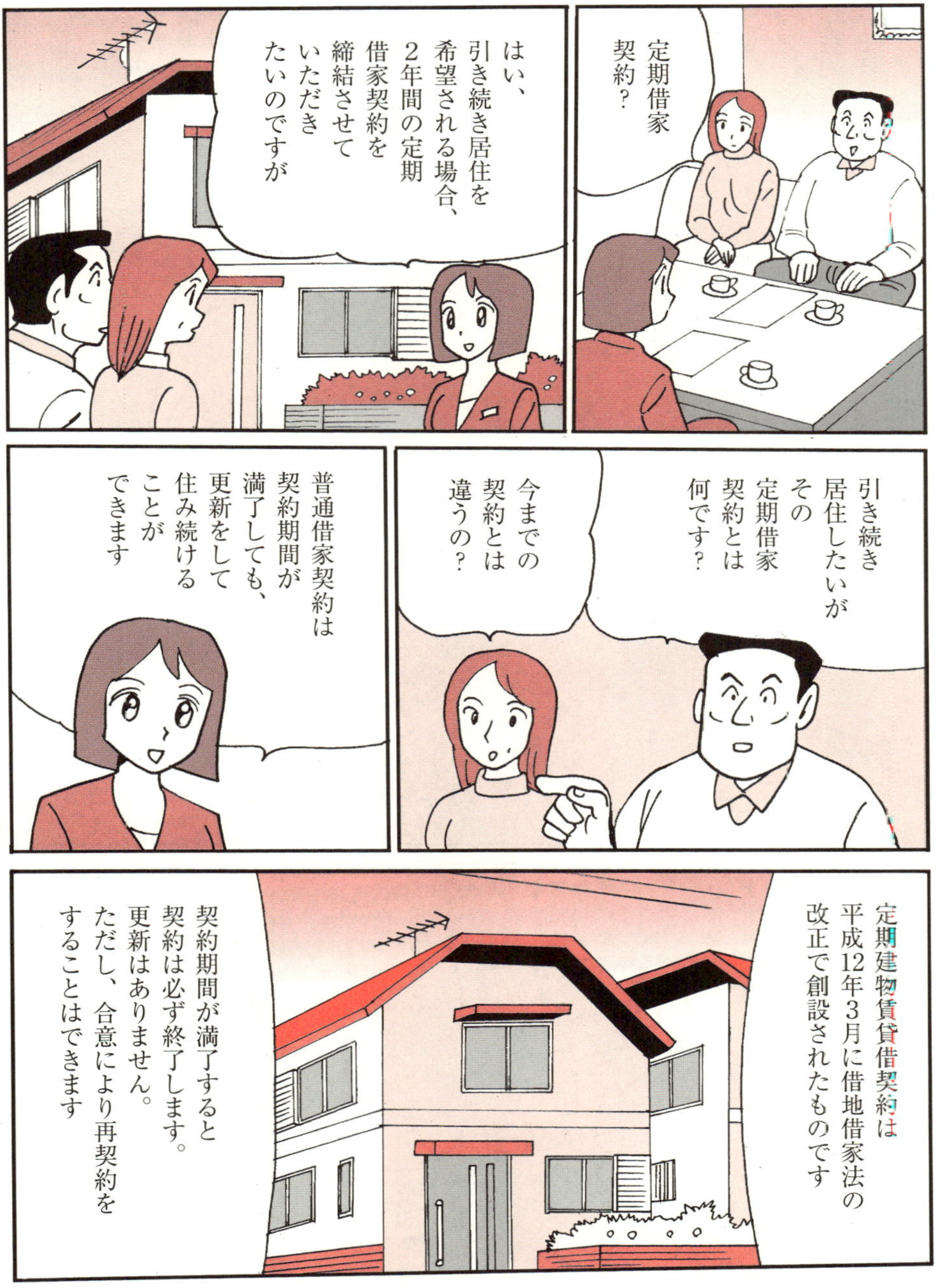
定期借家契約？
はい、引き続き居住を希望される場合、2年間の定期借家契約を締結させていただきたいのですが
引き続き居住したいがその定期借家契約とは何です？
今までの契約とは違うの？
普通借家契約は契約期間が満了しても、更新をして住み続けることができます
定期建物賃貸借契約は平成12年3月に借地借家法の改正で創設されたものです
契約期間が満了すると契約は必ず終了します。更新はありません。ただし、合意により再契約をすることはできます

それって
借主に
不利じゃ
ないか
今までの
契約は
どうなるの?

改正法以降の
普通借家契約に切り
替えることができます
しかし
強制的に
切り替えることは
できません。
借主の同意が
必要なのです

つまり
借主が合意しなければ
従来の契約が
更新されるわけだ
そう
です
ただ
2年後に
大家さんが
ご自分で使用
したいということ
ですので、定期借家
契約にしていただけますか?

借地借家法 附則3条

法の施行前にされた居住の用に供する建物の賃貸借の当事者が、その賃貸借を合意により終了させ、引き続き新たに同一の建物を目的とする賃貸借をする場合には、当分の間、改正後の借地借家法第38条の規定は、適用しない。

2

賃料滞納と特約に基づく契約の解除

甲アパート3号室の借主Bは、今月分の賃料の支払いが滞っています。半年前にも1カ月分の支払いが遅れたことがあり、「次にも遅れることがあると、契約書○条に基づいて契約を解除しますので、ご注意ください」と警告していました。契約書には「借主が1カ月分でも賃料の支払いを怠ったとき、貸主は催告をせず契約を解除することができる」と約定されています。連帯保証人不要とする代わりに無催告解除にしています。警告していたにもかかわらず賃料を滞納しました。職を失い、以後の支払いの目途もないようです。契約の解除と明渡しを求めていますが、Bはこの期におよび「特約は無効だ！」と主張して応じません。

【解決へのアプローチ】

「1カ月の賃料不払いで、貸主は契約を解除できる」旨の特約のある借家契約は少なくありません。しかし、この特約は借主の居住の安定を著しく阻害するもので、効力は限定的と解されます。賃料不払いを理由に契約を解除するには、相当期間を定めた支払催促を行い、期間内に賃料の支払いをしなかったときには契約の解除をする意思表示をしておきます。そのうえで、解除に応ぜず退去しなければ法的手続を行うことになります。賃料不払いは最大の契約違反ですが、賃料不払期間がどの程度で解除できるかは難しい問題です。3カ月以上の賃料不払いは、原則として契約解除事由にあたると考えられます。

今月分の賃料が滞っています
次も遅れると契約に基づき契約を解除しますので注意してください
職を失ったんだ特約は無効だろう
管理会社
BOY
1カ月の賃料未払いで契約を解除する特約の効力は否定される可能性が大きいといえます
しかし今後も支払いが滞ってしまうと契約解除も考えなくてはならないわ

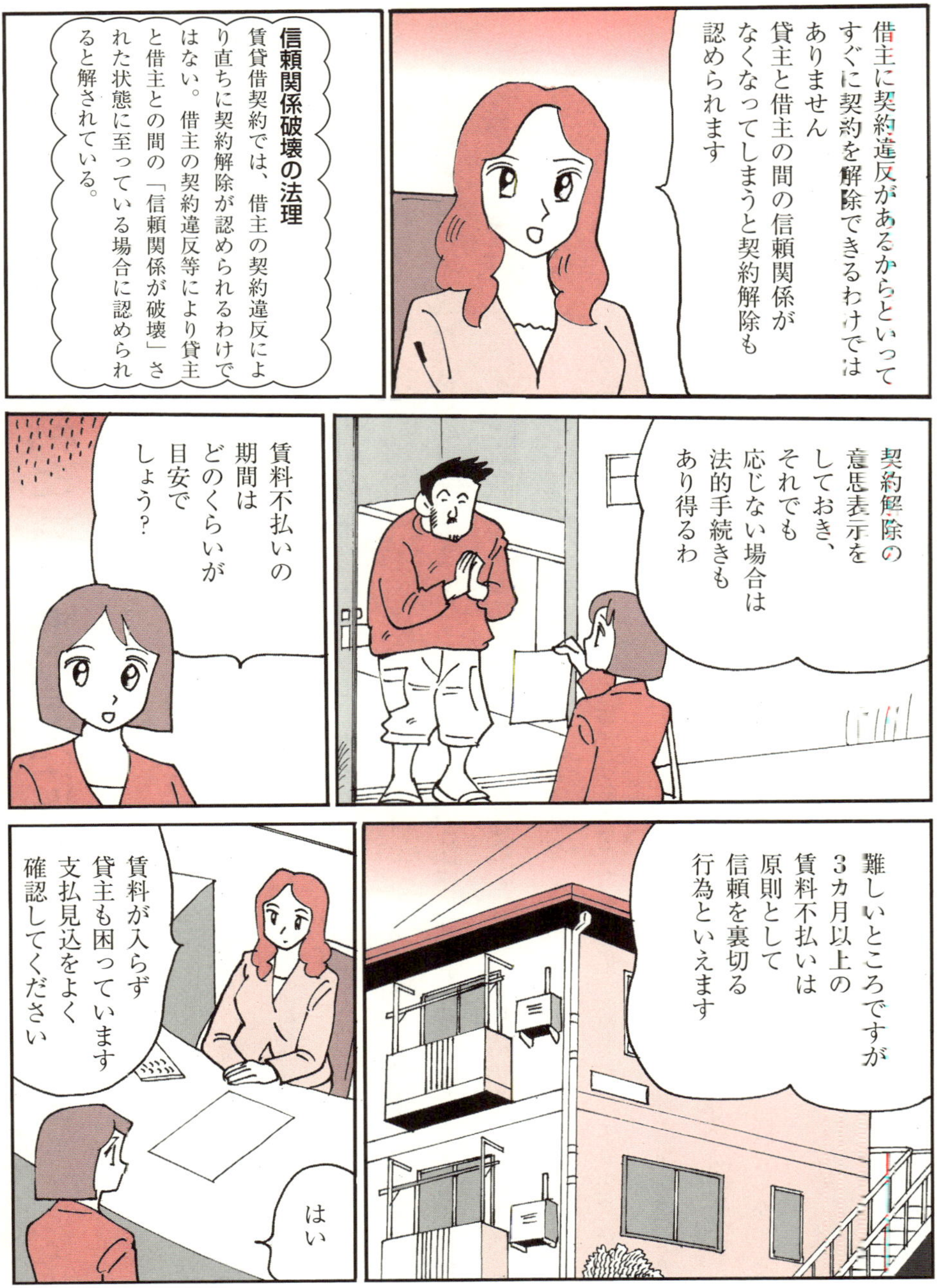
借主に契約違反があるからといって
すぐに契約を解除できるわけではありません
貸主と借主の間の信頼関係がなくなってしまうと契約解除も認められます
信頼関係破壊の法理
賃貸借契約では、借主の契約違反により直ちに契約解除が認められるわけではない。借主の契約違反等により貸主と借主との間の「信頼関係が破壊」された状態に至っている場合に認められると解されている。
契約解除の意思表示をしておき、それでも応じない場合は法的手続きもあり得るわ
賃料不払いの期間はどのくらいが目安でしょう?
難しいところですが3カ月以上の賃料不払いは原則として信頼を裏切る行為といえます
賃料が入らず貸主も困っています
支払見込をよく確認してください
はい

3 賃料滞納と鍵の取替えによる入室拒否

アパートの借主Cは、3カ月分の賃料を滞納しています。再三、支払いの督促をしていますが約束した期日に支払いません。そこで、「○月×日までに支払いがない場合には、玄関の鍵を取り替えるとともに、契約を解除します。期日までに△月までの賃料合計○○円の支払いが確認できましたら、新しい鍵をお渡しします」と文書で通知しました。○月×日を過ぎてもCから支払いがなかったので、Cの留守中に鍵を取り替え、部屋の荷物も搬出のうえ、倉庫に一時保管しました。Cは「留守中に鍵を取り替えられて入室できない。鍵を渡さないと訴える！」と言います。再三の督促を行い、事前に文書により通知していますので、問題はないと思いますが……。

【解決へのアプローチ】

賃貸借契約における借主の最大の義務は、賃料を支払うことです。その賃料支払義務を怠ることは、債務の不履行であり、最大の契約違反です。しかし、借主が重大な契約違反を犯しているとしても、貸主が法律に基づく手続をとらずに、権利の実現を図ることは「自力救済」として許されません。借主の留守中の鍵の取替え、荷物の搬出行為は不法行為となり、借主はそれにより生じた損害について、貸主に対し賠償の請求をすることができます。また、当該行為は住居侵入罪として刑事告発を受ける可能性があります。貸主・管理業者は、法的手続きにより対応しなければなりません。違法行為は許されるものではありません。

えっ？
ガチャ ガチャ
あれ？
管理会社
どういうことだ？
鍵が替えられて入室できない
Cさん、賃料が３カ月も滞納されており、再三に渡る督促状にも応じてもらえなかったのですよ
しかるにこのような対応になりました
海外での滞在がのびたんだ
それに部屋の荷物もない
荷物は倉庫に保管してあります
なんだって!?
こんなこと許されるわけがない
訴えてやる！

これはやり過ぎです
賃料の不払いは借主の契約違反ですが貸主側が一方的に権利の実現を図ることは許されません
これは「自力救済」となり違法行為です
NECO
NECO
法律に基づく手続きをとらずに行えば住居侵入罪にもなります
借主はこれについて損害賠償の請求さえできるのです
ええっ
貸主や管理業者は法的手続きにより対応しなくてはなりません

4 借主が無断で友人に転貸している

甲アパートの居住者から「2カ月前ほどに引越してきたお隣203号室の新しい入居者の方は、時おり遅くまで音楽を聴いている。音が大きいので注意しておいてください」と電話がありました。203号室は3年前からDさんに貸しており、現在も契約は継続しているので新しい入居者とは誰のことなのか不審に思いながら確認に行きました。すると、Dさんとは別のEが住んでいました。事情を聴くと「Dの友人です。Dが転勤となったので、Dに家賃分を支払い2カ月前から住んでいる」と言います。Dさんに無断転貸による契約の解除を申し入れましたが、「賃料は払っている。契約解除には応じられない」と……。

【解決へのアプローチ】

借主は、借りている部屋を貸主の承諾を得ないで第三者に転貸することはできません（無断転貸の制限）。「借地」については、借主の無断転貸行為が貸主（地主）に対する背信的行為と認めるに足りない特段の事情がある場合、解除権は発生しないと判示した最高裁の判例があり、また、借地借家法は譲渡・転貸について地主が承諾しないときには裁判所の許可を求めることができることを定めています。しかし、「借家」の場合には、このような判例や法の定めはありません。保護が必要なのは借主の居住権であり、転貸の権利ではありませんので当然のことといえます。Dは解除に応じて、Eとの契約締結をお願いすべきです。

隣の音がうるさいので注意してほしい
わかりました
203
電話では2カ月ほど前に越してきた人といってたけど――どういうことかしら?
ピンポン
はい
あなたは誰です?
203
管理会社のものです
Dの友人です
MUSICO
Dが転勤になったため、Dに家賃を払い、ここに住んでいます
えぇっ⁉ナニソレ
MUSICO
Dさん無断転貸は違法です
契約の解除をお願いします

賃料はちゃんと払ってある問題はないだろう
そういう問題ではありません
民法612条
賃借人は、賃貸人の承諾を得なければ、その賃借権を譲り渡し、又は賃借物を転貸することができない。
借主は貸主に無断で借りている部屋を第三者に転貸することはできないのです
賃料はちゃんと払っているのだから貸主には迷惑かけてないだろ何が問題ナノダ？キミ
今月末日でDさんとの契約は解除します
そのうえでご友人のEさんと契約を締結します。それでよろしいですね

5 オーナーチェンジと新契約の締結要求

乙賃貸マンションの所有者FはGに当該マンションを借家人付きの居抜きで売却して所有権移転登記も完了しました。また、Gから当社に管理の委託があり受託しました。入居者に対してオーナー変更通知及び新契約書を送付しました。新契約書には、①家賃保証会社との契約、②更新時の賃料改定の承諾、③更新事務手数料の支払承諾、④原状回復費用負担承諾などが追加されています。複数の入居者から、新契約書の追加条項について質問・苦情の電話がありました。「承諾できない」などとして契約書への署名・押印を保留している借主がいます。同意が得られない借主とは契約を解除する予定です。

【解決へのアプローチ】

賃貸物件の所有者が何らかの事情で当該物件を借家人付きで売却（競売を除く）すると、その買主が新しいオーナーになりますので、一般に「オーナーチェンジ」と呼んでいます。貸主が変更になったので変更契約書への差替えを行うのが通常です。しかし、新貸主は、前貸主と借主との間の賃貸借契約に基づく権利・義務の一切を引き継ぐことに注意が必要です。つまり、貸主の地位をそのまま引き継ぎます。借主からみると、貸主がFからGに代わっても借主としての地位に何らの影響もありません。したがって、借主には、不利な条件変更を承諾しなければならない理由は、何もありません。貸主は当該拒絶を理由に契約を解除することはできません。

マンションの所有者がFから私に変わったが管理業務は引き続きお願いしたい
ありがとうございます
そこで入居者に新しい契約内容を送ってもらいたいのです
後日
賃料の変更などが追加されております
借主A
借主に不利な特約が追加されているおかしいではないか？
借主B
新契約書への署名や押印は拒否する
そういう居住者とは契約を解除してほしい

オーナーチェンジで変更契約書を交わすのは普通ですが新オーナーは旧オーナーの権利と義務をそのまま引き継ぎます
どういうことだ?
貸主の地位をそのまま承継するのです
借主から見ればオーナーチェンジは関係ありません
借主は不利な変更条件を拒絶できます。借主が拒絶したからと契約を解除することはできません

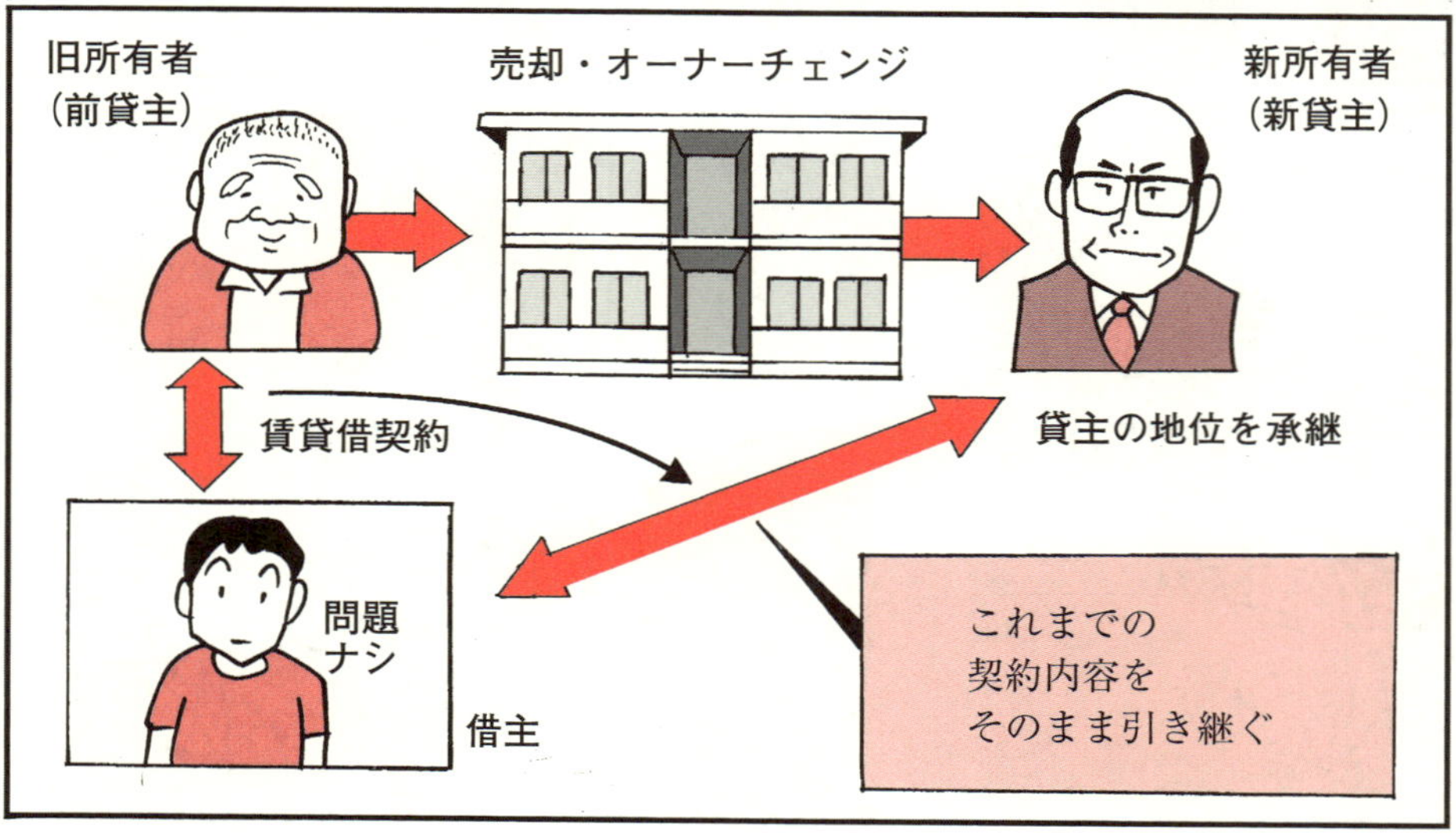

旧所有者
(前貸主)
売却・オーナーチェンジ
新所有者
(新貸主)
賃貸借契約
貸主の地位を承継
問題ナシ
借主
これまでの契約内容をそのまま引き継ぐ

6 更新料特約は無効と支払いを拒絶

借主Hさんとの3回目の更新日が近くなり、契約継続の確認をしたところ、更新希望でしたので更新手続の準備を開始しました。Hさんとの契約書には「借主は更新を希望する場合、更新料として賃料1カ月相当分を貸主に支払う」旨の特約があります。なお、賃貸契約期間は2年です。Hさんに更新料として賃料の1カ月分を請求したところ、「更新料特約は消費者契約法で無効であり、過去に支払った更新料も返してもらえると裁判所が判決を出したと新聞に書いてあった。更新料は支払う必要がない。2回分の支払った更新料も返してほしい」と強硬に主張されています。

【解決へのアプローチ】

借家契約における「更新料」の授受は、関東をはじめとする一部地域で行われています。更新料特約の効力については従前より裁判所で争われており、これまでは有効判決が優勢でしたが、平成21年8月、高裁レベルで初めて無効判決が出され注目されました。しかし、平成23年7月15日、最高裁は、更新料特約について「更新料の額が賃料の額、賃貸契約が更新される期間等に照らし高額に過ぎるなどの特段の事情がない限り有効」と判示しました。したがって特約は有効と解されますので、借主には特約に基づいて、更新料を支払う義務があります。

3回目の更新日が近づきました
もう2年か早いね。更新します
契約書の特約で賃料1カ月分相当の更新料をお願いします
ちょっと待ってくれ
裁判所は「更新料特約は無効」と言っている
それに過去に支払った更新料も返還されるとあった
更新料の支払いは必要ないし、前回の分も返してほしい
えっ⁉

大阪高裁での更新料特約「無効」「有効」判決
・消費者契約法10条に反し無効
①平成21年8月27日判決
②平成22年2月24日判決
③平成22年5月27日判決
・消費者契約法10条に反せず有効
平成21年10月29日
消費者契約法10条
民法、商法その他の法律の公の秩序に関しない規定の適用による場合に比し、消費者の権利を制限し、又は消費者の義務を加重する消費者契約の条項であって、民法1条2項に規定する基本原則に反して消費者の利益を一方的に害するものは、無効とする
確かに無効判決がありました
でも、H23・7・15最高裁は有効の判決を出しています
えっ⁉
高額に過ぎなければ有効としています
そうなの⁉
契約期間が2年で1カ月の更新料は高額ではありません
Hさんの特約は有効です
更新料の支払義務がありますので不払いは契約違反になります

7

賃料値上げは契約更新の条件

借主Iさんの契約が半年後に期間満了になるので更新確認書を送付しました。確認書には、更新希望の有無及び希望する場合には「更新後の月額賃料が○○円となる（現行賃料の10％値上げ）こと」を了承することが記載されています。数日後、Iさんから「更新は希望するが、賃料の値上げには納得できない。周りの賃料相場はむしろ下がっているのではないか。値上げ要求は撤回してほしい」と連絡がありました。「法に基づき6カ月前に通知しています。同意できないのであれば契約更新できませんので期間満了日までに退去してください」と返答しました。更新条件に合意できなければ更新できないのは当然です。

【解決へのアプローチ】

管理業者は借主に対して、法の規定に基づき、契約期間満了の6カ月前に「賃料の値上げ」という条件を変更しなければ更新しない旨の通知をしました。しかし、借主は賃料の値上げには理由がなく認められないと拒否しています。借主が貸主から提示された更新の条件に同意できない場合、借主は更新することはできないのでしょうか。契約の条件は、貸主・借主の合意があって初めて成立します。一方的通知のみで賃貸借契約の条件が変更になることはありません。したがって、借主は値上げ要求に同意できなくても退去する必要はありません。本契約が合意更新できずに期間満了日が到来すると法定更新されます。

更新は希望するが賃料の値上げは納得できない
相場は下がっている！
法に基づき6カ月前に通知しております
同意いただけない場合は更新することもできません
こんな一方的な通知はおかしいのではないのか⁉
借地借家法26条1項
建物の賃貸借について期間の定めがある場合において、当事者が期間の満了の1年前から6月前までの間に相手方に対して更新しない旨の通知又は条件を変更しなければ更新をしない旨の通知をしなかったときは、従前の契約と同一の条件で契約を更新したものとみなす。ただし、その期間は、定めがないものとする。
賃料の値上げの理由がない
拒否する
借地借家法32条1項
建物の借賃が…（中略）…その他経済状況の変動等により、又は近傍同種の建物の借賃と比較して不相当となったときは、契約条件にかかわらず、当事者は将来に向かって建物の借賃の額の増減を請求することができる。（以下略）

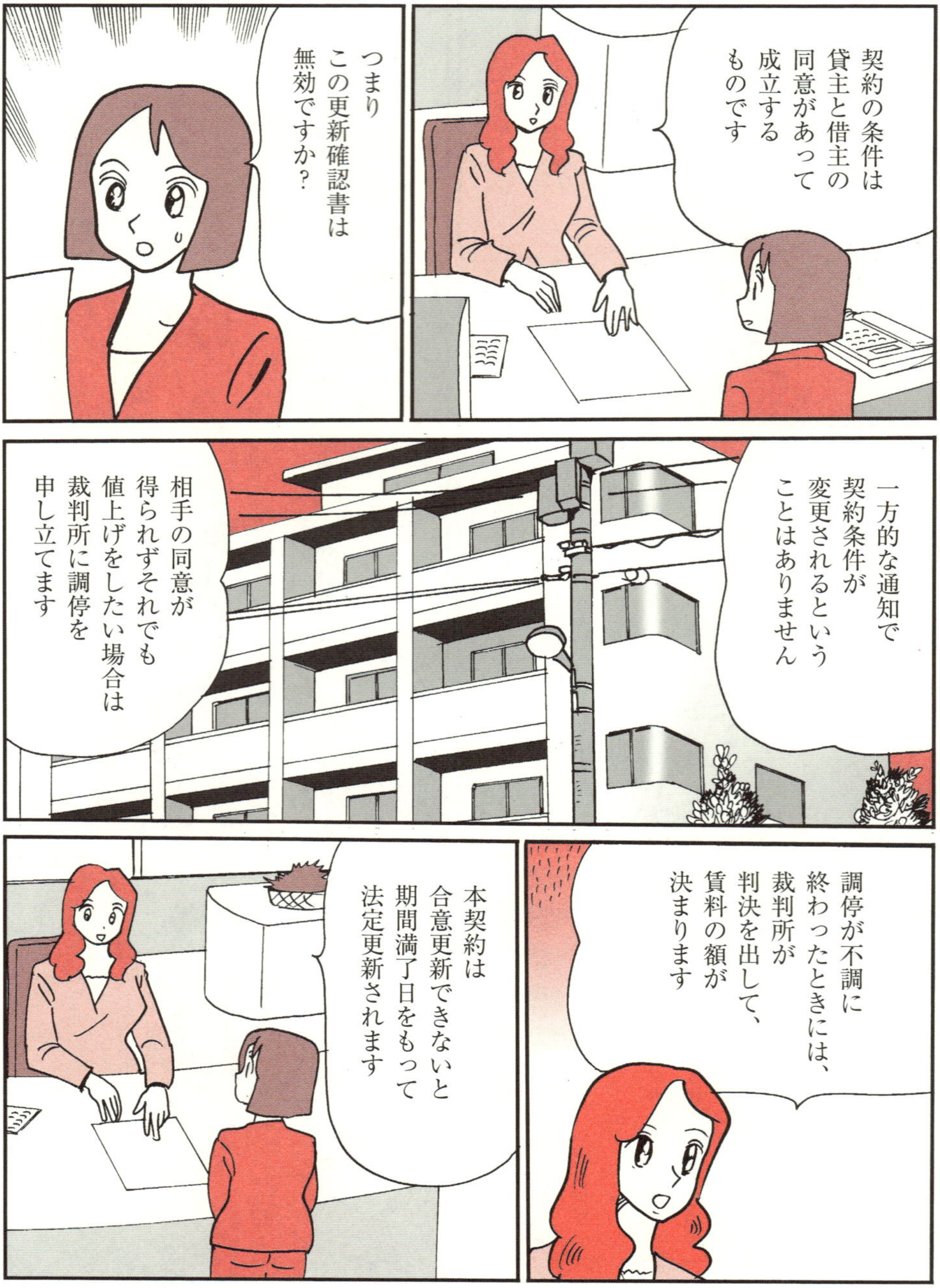
契約の条件は貸主と借主の同意があって成立するものです
つまりこの更新確認書は無効ですか？
一方的な通知で契約条件が変更されるということはありません
相手の同意が得られずそれでも値上げをしたい場合は裁判所に調停を申し立てます
調停が不調に終わったときには、裁判所が判決を出して、賃料の額が決まります
本契約は合意更新できないと期間満了日をもって法定更新されます

8 広告賃料と同額への値下げ要求

更新の時期が近づいた借主Jさんから「同じアパートの空室の募集広告では、同じ間取りなのに賃料が1万円も安い。来月更新なので、更新後の賃料は広告と同じ賃料に値下げしてほしい」と言ってきました。「値下げした金額で募集している」のは事実ですが、貸主から1日でも早く借主を見つけてほしいとの希望があり、やむを得ず相場より安く募集しているものです。居住者の皆さんの賃料を値下げすることはできません」とお断りすると、「不公平だ。入居者によって賃料が違うのはおかしい」「貸主の味方ばかりする管理業者のやり方は不当だ」と言います。一方で、貸主は「値下げ交渉には一切応じない」と言います。

【解決へのアプローチ】

建物の賃料が近傍同種の建物の借賃と比較して不相当となったときは、当事者は建物の借賃の額の増減を請求することができます。現行賃料が高すぎて不相当であれば、更新の時期に限らず借主は賃料の値下げを貸主に求めることができます。不相当な賃料であるか否かは諸般の事情を考慮して決定されます。本件のような借主の相談は数多くみられます。同じアパート内の同じ面積、同じ間取りの部屋の賃料が借主の賃料より安いことは、考慮事由の一つではありますが、それだけをもって不相応な賃料と断定することはできません。本件のように、貸主の事情であえて相場より安く賃貸することも十分あり得ることです。

ちょっと、この広告はなんなの⁉
同じアパートの空室の広告の賃料が同じ間取りの私たちの部屋より1万円も安いのはどういうこと⁉
ちょうど来月更新だからウチもこの賃料と同じにしてほしいわ！
この募集は貸主から早く借主を見つけてほしいとの要望で出したものです
貸主は皆さんの賃料を下げることはできないといっております
貸主の味方をするなんて不公平よ
賃料は貸主が自由に設定することができます

ただし、賃料が周辺建物の賃料と比較して高い場合、
借主は貸主に値下げ要求することはできます

本件のように貸主の事情で安くすることもできるのです
私も安くして！

借地借家法32条2項

建物の借賃の増額について当事者間で協議が調わないときは、その請求を受けた者は、増額を正当とする裁判が確定するまでは、相当と認める額の建物の借賃を支払うことをもって足りる。（以下略）

〈値上げ要求〉

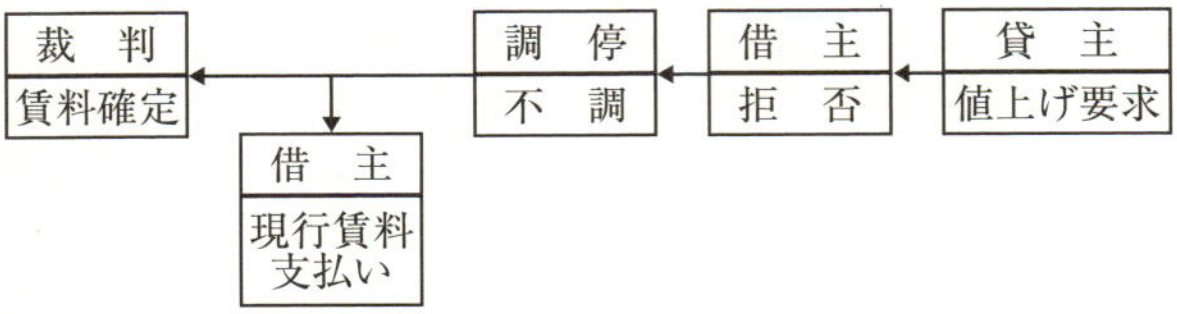
貸主
値上げ要求
借主
拒否
調停
不調
裁判
賃料確定
借主
現行賃料支払い

同法同条3項

建物の借賃の減額について当事者間で協議が調わないときは、その請求を受けた者は、減額を正当とする裁判が確定するまでは、相当と認める額の建物の借賃の支払を請求することができる。（以下略）

〈値下げ要求〉

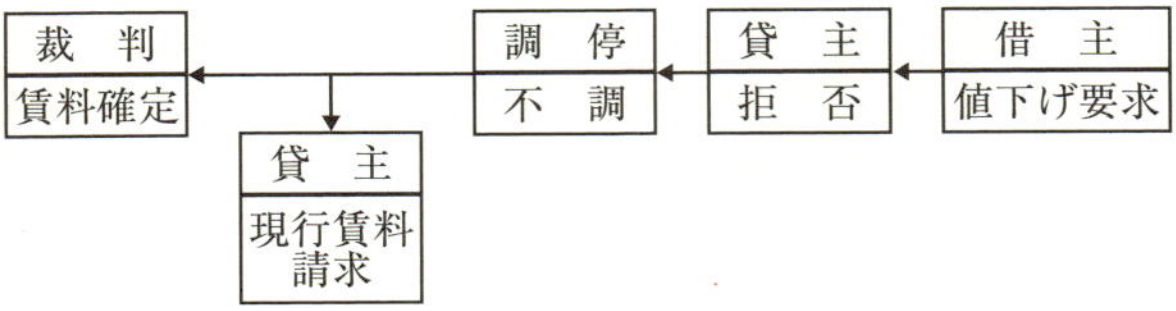
借主
値下げ要求
貸主
拒否
調停
不調
裁判
賃料確定
貸主
現行賃料請求

9

立退き要求①――解約の申入れ

築40年を経過した総戸数8戸のアパートを賃貸している貸主Kは、建物の老朽化で維持・管理に費用がかかり、空室率も高くなっていることから、子供とも相談のうえでアパート経営をやめることを決心しました。Kは、入居中の借主に対して、アパートを維持・管理することが困難になりアパート経営をやめることを通知し、1年先の3月末までに退去することを求めました。借主のうちLは法外な立退料を退去の条件として提示してきました。KはLに対して「借地借家法27条では解約の申入れから6カ月で契約は終了すると定めている。1年の猶予を与えている。退去しないときは法的措置をとる」と通告しました。

【解決へのアプローチ】

借地借家法27条は「建物の賃貸人が賃貸借の解約の申入れをした場合においては、建物の賃貸借は、解約の申入れの日から6カ月を経過することによって終了する」と確かに定めています。同法26条の通知をせずに賃貸借契約が法定更新されると、その契約は「期間の定めがない」ものになります。期間の定めがない賃貸借契約は、貸主・借主はいつでも相手方に対して解約の申入れをすることができます。27条の規定はこの法定更新された「期間の定めがない賃貸借契約」について定めたものです。貸主が契約を解除するには、後掲事例と同様に「正当事由」が必要ですので、解約の申入れだけでは終了しません。

そろそろアパート経営をやめようかと思っておる
え⁉
アパートも古くなったし、わしも年だ
子供とも相談して決めたよ
入居中の人には1年先の3月末までに退去してほしいと通知してほしい
そんな、勝手にいわれても困る！
借主
契約違反だ
立退料を払ってくれれば退去してもいいがね
法外な要求額じゃ
借地借家法27条では解約の申し入れから6カ月で契約は終了するはずじゃ。退去させろキミィ

借地借家法の27条は、契約が法定更新されている場合の「解約の申入れによる契約の終了」を規定したものです
借地借家法27条
建物の賃貸人が賃貸借の解約の申入れをした場合においては、建物の賃貸借は、解約の申入れの日から6月を経過することによって終了する。
そうなのか そんなこともあろうかと 1年もの猶予を与えたのだ
1年前の通知だけでは契約を解除できません
そう なのか？
貸主が契約を解除するためには「正当事由」が必要です
正当な事由か…

10 立退き要求②——子供夫婦を住まわせる

一戸建て住宅の貸主Mさんから「転勤で地方に行っていた息子夫婦が6年ぶりに家族で戻ってくることになった。借家にしている建物に住まわせる予定だ。8カ月後には契約が終了するはずだから、それで終わりにしたい。更新はしないので早めに借主のNさんに通知しておいてほしい」と連絡がありました。Nさんに連絡すると「子供の学校の問題があるので、あと3年はここに住みたいと思っている。退去してくれと言われても困る」と言います。「法律上は6カ月前に通知すればよいところを、8カ月も前に通知して十分な時間を与えているのに居座るつもりか。通知により契約解除できるはずだ！」と当社が責められています。

【解決へのアプローチ】

契約期間満了後も更新して契約を継続するか否かは当事者の意思の合意によります。更新しないときは6カ月以上前までに相手に通知することが必要と定められています。しかし、貸主が更新を拒絶するには、「正当な事由」があると認められる場合でなければ、することができません。「正当な事由」は、貸主、借主それぞれの建物使用の必要性を中心に考慮して判断されます。貸主には「借主を退去させてまで自分が使用しなければならないほどの重大な理由」があることが必要です。本件の理由は正当事由とはいえないと考えられますので、解除条件について借主と十分に話し合う必要があります。

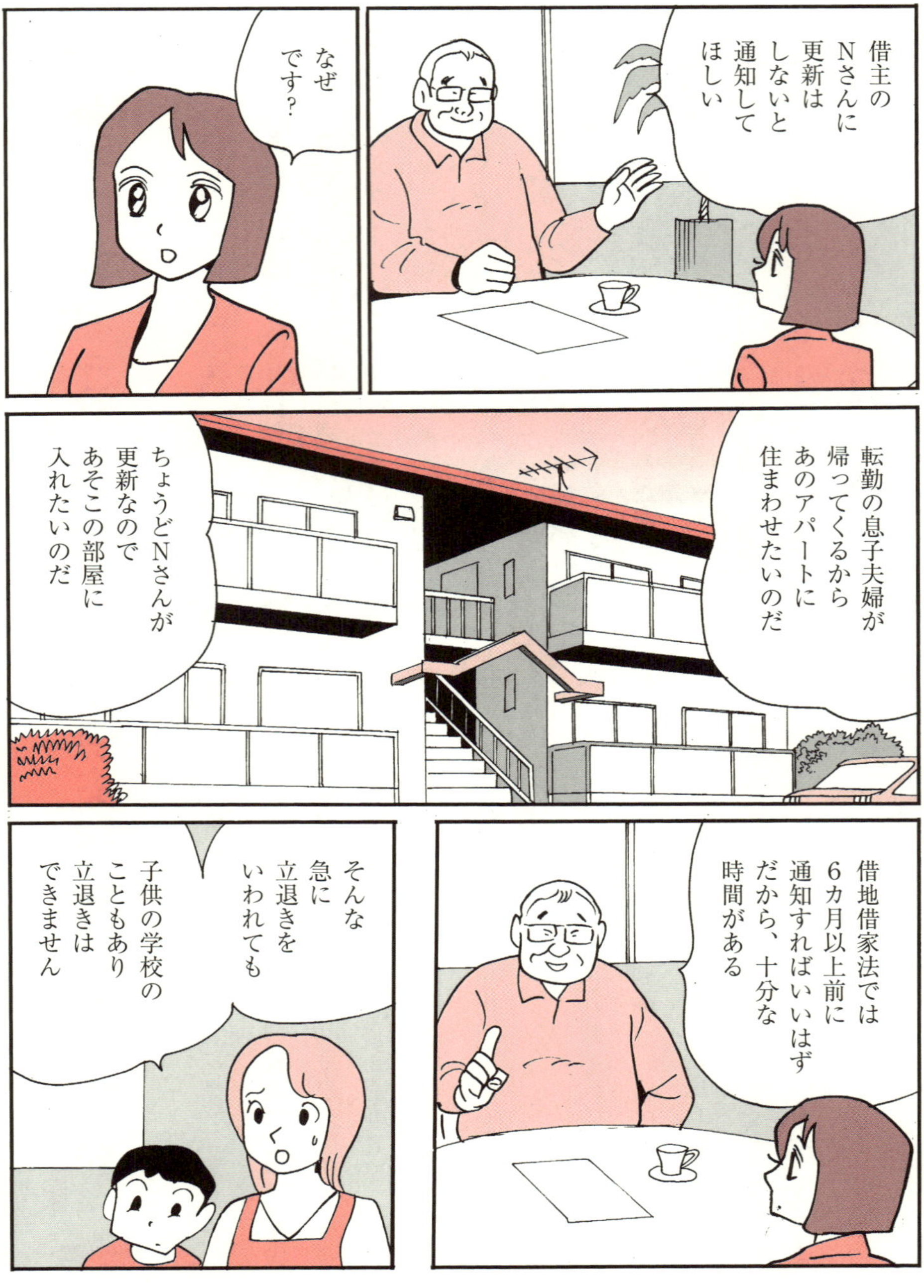
借主のNさんに更新はしないと通知してほしい
なぜです？
転勤の息子夫婦が帰ってくるからあのアパートに住まわせたいのだ
ちょうどNさんが更新なのであそこの部屋に入れたいのだ
借地借家法では6カ月以上前に通知すればいいはずだから、十分な時間がある
そんな急に立退きをいわれても子供の学校のこともあり立退きはできません

8カ月も前に通知してあげたのに居座るつもりか
6カ月以上前に通知すれば契約解除できるはずだ
それは無理です
更新をするかしないかは当事者の合意で決まるのです
貸主が更新を拒絶するには「正当な事由」が必要です
息子さん夫婦を住まわせることは「正当事由」にあたるとはいえません
うーん
借地借家法28条
建物の賃貸人による26条1項の通知又は建物の賃貸借の解約の申入れは、建物の賃貸人及び賃借人が建物の使用を必要とする事情のほか、…（中略）…、正当の事由があると認められる場合でなければ、することができない。

11

立退き要求③——相続による売却

甲アパートの相続人の1人であるOは、財産分与を円滑に行うために、アパートを売却して現金化することを他の相続人に提案し同意を得ました。不動産業者から「甲アパートの更地としての土地の価値は高いが、建物は古く価値がない。借家人がいると売りにくいし、高く売れない。立退料を払っても立ち退かせたほうがよい。立退料を支払うことは正当事由となるので借主は契約解除を拒めなくなる」とアドバイスを受けました。4世帯の借家人のうち借家人Pだけが「仕事・生活に支障がある。立ち退くことはできない」と拒絶しています。Oは立退料を上乗せして正当事由による解除を主張しています。

【解決へのアプローチ】

不動産を相続すると相続税の支払、相続人それぞれの事情などにより現金化が必要になり売却することも多くあります。しかし、売却の理由は相続人の事情にすぎず、相続が借主に契約解除を求める正当事由にはなりません。そこで、不動産業者は立退料支払による解除をアドバイスしたようです。しかし、立退料支払の申し出は、正当事由の不足分を補完するものにすぎません。そもそも正当事由がない場合には、いくら高額の立退料を提示したとしても正当事由にはなりません。したがって、本件の場合、立退料上乗せによる正当事由の主張は認められませんので、合意解除に向けて話し合うしかありません。

アパートを売却して財産分与を円滑にしたい
居住者には立退料を支払うのでその旨を通知してほしい
ちょうどいい機会だ
このボロアパートじゃしょうがないね
困る
仕事に支障がある
売却の理由が相続というじゃないか
そんなものは正当な事由にはならない
立退料を上乗せするから立退きをしてほしい

立退料は「正当事由」を補完するにすぎません
立退料を高額にしても「正当事由」と認められません
どうしたらいい？
話し合うしかありませんよくお願いしてみましょう

借地借家法28条

建物の賃貸人による…建物の賃貸借の解約の申入れは、…（中略）…建物の賃貸人が建物の明渡しの条件として又は建物の明渡しと引換えに建物の賃借人に対して財産上の給付をする旨の申出をした場合におけるその申出を考慮して、正当の事由があると認められる場合でなければ、することができない。

「立退料」

立退料には、①現借家と同程度の借家を借りるために要する費用（礼金、仲介手数料等）及び②新借家の敷金の額と返還される現借家の敷金の額との差額、③相当期間にわたる新旧家賃の差額、④引越し費用などの経費が含まれると解されます。

12 立退き要求④——建物の老朽化

木造2階建て○×アパートの貸主Qは、建物が築35年を経過して老朽化したことから、鉄筋コンクリート造4階建て賃貸マンションに建替えを計画しています。Qは借家人に対し「建物の老朽化により安全が保てなくなっていることから、鉄筋コンクリート4階建てに建て替える。1年後に実施するのでそれまでに退去してほしい。敷金全額の返還と引越し費用は支払う。希望すれば建替え後のマンションに優先的に入居できる」などを通知した。借家人の1人であるRは「事情があり引越しはできない」と拒絶しています。Qは「建物の老朽化は契約解除の正当な事由にあたる。良い条件を出しているのに！」と憤慨し、裁判での決着を考えているようです。

【解決へのアプローチ】

借地借家法は、「建物の現況」も貸主の正当事由の判断の要素の一つに挙げています。「建物の現況」とは「建物の老朽化の状況」がそれにあたると考えられます。しかし、建物の老朽化は判断要素の一つにしかすぎず、老朽化＝正当事由の具備とはなりません。何をもって老朽化というのかという問題もあります。築後90年の建物において「今後大規模修繕をしなければ居住建物の使用に耐えられない」などと判断して建物の明渡しを認めた裁判例があります（別途、立退料有）が、本件の築後35年の建物の老朽化が正当事由にあたるとは考えられませんので、裁判による決着は得策とはいえません。

このアパートも築35年だＲＣ造に建て替えたい
ついては入居者に1年後に建替え工事をするので退去を願いたい
もちろん引越し費用と敷金全額返還はお支払いする
希望があればマンションに優先的に入居できる
借主
いい機会だ
借人Ｒ
事情があって引越しはできない、拒否する
建物の老朽化は契約解除の正当事由になるだろう
争うなら裁判で決着だ

冷静になってください
裁判による解決は得策ではありません
なぜ？
建物が老朽化したと主張しても正当事由として認めないと思います
何をいう「建物の老朽化」は貸主の正当事由になっているぞ
建物の老朽化が判断要素のひとつであることはそのとおりです
借主を退去させてまで貸主が使用しなければならないだけの事由がなければなりません
借地借家法28条
建物の賃貸人による26条1項の通知又は建物の賃貸借の解約の申入れは、建物の賃貸人及び賃借人が建物の使用を必要とする事情のほか、建物の賃貸借に関する従前の経過、建物の利用状況及び建物の現況並びに…（中略）…、正当の事由があると認められる場合でなければ、することができない。

13

立退き要求⑤――耐震診断による耐震補強

築40年経過した木造2階建て住宅を賃貸している貸主Sは、出入りの建設会社Tから6世帯のアパートに建て替えることを勧められていますが、20年以上居住している借主は立退きを拒否しています。役所から地震に備えて耐震診断をして建物の安全性を確認するように勧められていたこともあり、Sは一級建築士に耐震診断を依頼しました。その結果、耐震強度に問題があり、耐震補強工事費用として300万円以上必要であることがわかりました。Sは建替えを決断し、借主に「この建物は耐震強度不足で大規模な耐震補強が必要と判定された。安全を保証できないので半年後の更新はしない」と告げました。

【解決へのアプローチ】

国、地方公共団体は国民に対して、発生が予想される大地震に備えるために、建物の耐震診断、耐震補強の実施を呼びかけています。建物の所有者は積極的に行うことが望まれるところです。本件の建物は耐震強度不足により安全性に問題があると判断されました。つまり、借家としての安全性に欠けていることが判明しました。貸主には借主が安全に生活できる建物を提供する義務がありますので、この時点で、貸主には安全な建物にするための修繕（耐震補強工事）義務が生じたことになります。特段の事情がある場合を除き、貸主は耐震強度不足を理由に更新を拒絶することはできません。

大家さん そろそろ 建替えを したら どうです？
そうだ ねえ、大将、そろそろ 築40年だ からね
実は先日 耐震診断を したところ 問題が あることが わかったん だよ
耐震補強工事に ３００万円以上 かかるというん だよ
ちょうど いい機会じゃ ないですか？
貸主には 借主が安全に 生活できる 建物を提供 する 義務が あるからね
建て替えよう
見積り 出しま しょうか？
居住者には 建物の耐震強度不足で 大規模な耐震補強が 必要とされたため、安全を保証できない―― 半年後の更新はしない、と 知らせてほしい

確かに
このボロ
アパートじゃ
地震が
あったら
危険だ
ボロって
いうなよ
わたしたちは
20年以上も
居住していて
今さら
他へは
移れない
しかしね
建物と
心中しても
しかたない
おいおい
縁起でも
ないこと
いわんで
くれ
まいった
よ
補強工事の
修繕義務が
生じたと
いえますね
これは
立退きの
正当な事由に
なるんじゃ
ないのか？
補強により
建物の安全性は
確保できます
建替えは
貸主の事情に
すぎません
困った
もん
だ…

第6章

契約の終了・明渡し・敷金精算

1

契約解除通知後の解除の撤回

借主Aさんから「転勤になりましたので、1カ月後に契約を解除して退去します」との連絡を受けました。ところが、1週間後に再度Aさんから「会社の都合で転勤先への赴任の時期が1カ月延びてしまいました。ついては、契約の解除も1カ月延ばしてください」と連絡がありました。しかし、Aさんの退去日から1週間後を入居予定日としてすでに次の借主と契約を完了していましたので、解除日の延期はできないと伝えました。するとAさんは「契約の解除はまだされておらず、借主が入居中に次の借主と契約するのは、不動産業者の横暴であり法律に違反する行為だ」と言い、当社に1カ月の住まいの確保を要求しています。

【解決へのアプローチ】

通常、借主が契約期間中に契約を解除するときは、「解除の1カ月前までに通知するまたは1カ月の賃料相当分を支払って即時解除することができる」（1カ月以上の場合もある）とする中途解除特約に基づいて、手続きをします。借主はいったん契約の解除を相手方に通知すると、その解除を撤回することはできません。解除通知を受けた貸主は、当然に次の借主の募集を開始します。借主は「契約の解除はまだされていない」と言っていますが、「契約解除の意思表示」を行っています。その解除の意思表示は撤回できないと法律で定めています。したがって、本件借主の要求は認められません。

契約の解除ですね
ええ、転勤になるので今月末までに退去します
1週間後
えっ？
契約解除を1カ月延長？
転勤が1カ月延びたんだ
その物件は入居者が決まりまして入居日も決まりました
申しわけありません
えー!?
契約の解除はまだのはずだ借主の入居中に次の借主を契約するのは違法だ
1カ月間の住居を確保してくれ！
次の入居者を決めることに違法性はありません

そんな…
入居日を1カ月遅らせることはできないのか?
今回の場合、契約の解除を通知した時点で解約が成立したことになります
民法540条
① 契約又は法律の規定により当事者の一方が解除権を有するときは、その解除は、相手方に対する意思表示によってする。
② 前項の意思表示は、撤回することができない。
解除の撤回はできません
ええ!?
解除通知を受けた貸主が次の借主を募集するのは当然のことです

2 契約の終了と賃料の精算

9月10日、賃貸マンションの借主Bさんから「10月16日に引っ越します」と連絡がありました。当日、鍵の返却等、解除手続一切を無事完了しました。10日後、敷金精算書を送付したところ、Bさんから「敷金の精算は了解しましたが、10月分の賃料の精算がされていません。10月は16日分の賃料を負担すればいいはずです。15日分は返してください」と電話がありました。当社の管理物件は、15日までに明渡しの場合は半月分、16日以降の場合は1カ月分の賃料をいただくことにしており、日割り精算はしていません。Bさんにその旨の説明をしましたが、Bさんは納得できないと、返還を求めてきています。

【解決へのアプローチ】

賃貸借契約を締結した借主は、貸主に対して賃料支払義務を負っていますので、賃貸借期間中の賃料を支払わなければなりません。逆の言い方をすると、契約期間内の賃料を支払えばいいわけです。10月16日で契約が終了したのであれば、契約期間は16日までですので、その月は16日分を負担すればよいことになります。契約時には当月の日割り賃料を支払ってもらっているはずです。したがって、借主の「賃料の日割り精算」の要求は正当なものです。本件の管理業者の精算方式が悪いわけではありませんが、この方式をとる場合には、契約において合意・約定しておく必要があります。管理業者が勝手に決めてはいけません。

9月10日
10月16日に引越します
鍵の返却、解除手続きはこれで終了です
ありがとうございました
後日、敷金精算書を送付します
はい
10日後
賃料の精算が正しくない？
敷金の精算は了解したけど、10月分の賃料が1カ月になっています
16日までしか居ないのだから後の15日分は、返してください
明渡し日により半月計算にしております
15日までなら半月分、それ以降は1カ月分となります

入居時は日割り計算をしているのに退去時にそうしないのはおかしい
日割り計算で15日分を返してほしい
これは契約時に合意してあったの？
契約書には定めていませんでした
特段の特約がない限り借主は借りた期間の分だけの賃料を支払えばよいはずです
借主の主張は正当なものですから16日分でいいはずです
日割り計算で行うようにします
貸主側の都合で勝手に精算方法を決めてはいけません

3 敷金精算、連帯保証人への追加請求

当社は甲アパートの貸主と管理委託契約を締結して、①契約終了時の建物明渡し確認（鍵の受取り・立会い）業務、②敷金精算業務を行っています。借主Cさんからは敷金20万円を預かっていました。Cさんの敷金精算において、原状回復費用30万円として精算書を作成し、敷金との差額10万円の請求をしました。これに対してCさんは「自分の計算では、原状回復費用として支払わなければならない金額は8万円である」と主張し、逆に12万円の返還を求めてきました。そこで当社は連帯保証人のDさんに10万円を請求して支払ってもらいました。当社は精算完了と考えていますが、Cさんは「訴訟をする」と言います。

【解決へのアプローチ】

貸主側は、借主負担となる原状回復費用は敷金では足りないとして10万円の追加請求を、借主は、自分が負担しなければならない修復（原状回復）費用は8万円でいいはずとして、12万円の敷金の返還を主張しています。原状回復費用の借主負担額の主張に隔たりがあり、精算合意ができていません。ところが精算合意前にもかかわらず管理業者は連帯保証人に追加費用の請求を行い、支払わせています。連帯保証人は確定していない借主の債務を支払う必要はありません。貸主側は未確定のものを借主の債務として連帯保証人に請求することはできません。管理業者は重大な間違いを犯しています。

原状回復費用が30万円とにおかしい
当社の敷金精算では30万円となり、敷金20万円との差額が10万円となります
後日
私の計算ではせいぜい8万円だ
12万円を返還してもらいたい！
連帯保証人に10万円を支払わせたそうじゃないか！
こんな横暴は許されない！
おかげで大モメになってる
これは重大なミスよ
しかし、原状回復費用は正しい算出です
それじゃなくて

連帯保証人に請求したことです
?
連帯保証人は確定していない借主の債務を支払う必要はありません
借主の負担額について合意が成立して確定したにもかかわらず借主が支払わないときに連帯保証人に支払いを求めます
借主が負担額について争っているのに、連帯保証人に請求してはいけません
管理業者がトラブルの原因になってはいけません
はい
敷金精算における管理業者の役割
①借主の負担となる原状回復費用を算定して、貸主の同意を得て、借主に提示し説明する。②借主に請求内容・請求額に不満があり主張がある場合、請求内容の根拠等を十分に説明する。③借主の主張を貸主に説明し、貸主の意見を求める。④そのうえで、貸主・借主に適切なアドバイスをして当事者間の合意に向けて尽力することです。
管理業者は敷金精算の主役ではありません。管理業者がトラブルの当事者となってはいけません。

4 更新後は連帯保証人の承諾をしていないと……

2度の更新を経て5年にわたり居住している借主Eは、月額7万円の賃料を3カ月分滞納し、支払いの目途も立てられないことから、契約の解除を通知し部屋の明渡しを求めました。話合いの結果、Eは求めに応じ退去しました。その際、Eの負担すべき原状回復費用は預託された敷金14万円を超えていましたが、追加請求しないことで合意しました。Eの退去後、連帯保証人Fに対して、Eの滞納賃料21万円を請求しました。ところが、Fは「当初の契約書には確かに連帯保証人として印鑑を押したが、更新の連絡も受けていないし、更新後については、連帯保証人を引き受けていない。支払義務はない」と支払いを拒絶しています。

【解決へのアプローチ】

更新後の保証人の責任について最高裁は「反対の趣旨をうかがわせるような特段の事情のない限り、更新後の賃貸借から生じる借主の債務についても保証の責めを負う趣旨で合意されたものと解するのが相当」として、保証人の責任は更新後も原則として及ぶと判示しています（平9・11・13）。建物賃貸借契約は、借主が希望すれば期間満了後も存続するのが原則ですから、保証人もそのことを十分予見可能であり、更新後の債務についての責任を認めても保証人に酷ではないと考えられています。本件保証人は更新時に特段の手続きをしていなかったとしても、責任を免れることはできず支払義務があると思われます。

3カ月賃料が滞納しております
支払いの目途が立たない困ったな
部屋を明け渡してください
敷金は原状回復費用に充当しますが、修繕費用が敷金を超えております
払えない
追加請求はいたしません速かに明け渡してください
わかりました
滞納賃料は連帯保証人のFさんに請求します
えー
え？
更新後の連帯保証人の承諾はしてないぞ

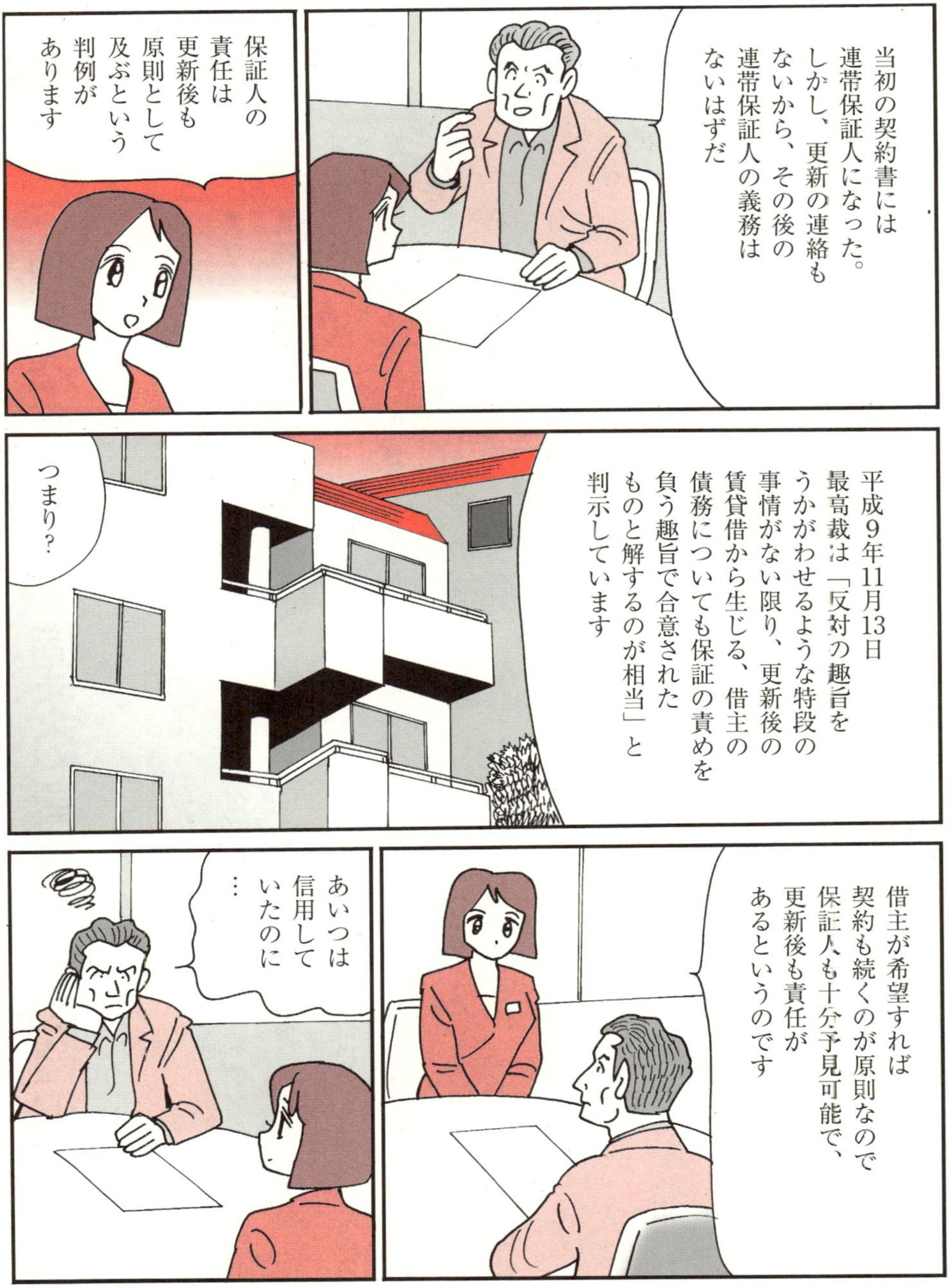
当初の契約書には連帯保証人になった。しかし、更新の連絡もないから、その後の連帯保証人の義務はないはずだ
保証人の責任は更新後も原則として及ぶという判例があります
平成9年11月13日最高裁は「反対の趣旨をうかがわせるような特段の事情がない限り、更新後の賃貸借から生じる、借主の債務についても保証の責めを負う趣旨で合意されたものと解するのが相当」と判示しています
つまり？
借主が希望すれば契約も続くのが原則なので保証人も十分予見可能で、更新後も責任があるというのです
あいつは信用していたのに…

5 敷金精算①——借主の負担義務と負担割合

新築アパートに４年居住の借主Ｇさんから建物の明渡しを受け検査をしたところ、洋室のじゅうたんに家具の設置跡・変色、キッチンＣＦシート全体にキズ、居間フローリングに椅子による引っかき傷、洋室壁の一部に落書き・変色がありました。そこで原状回復費用として、①洋室じゅうたん張替え、②ＣＦシート張替え、③フローリング部分張替え、④洋室壁クロス張替えの工事費用合計30万円を原状回復費用として請求しました。敷金は20万円預かっています。Ｇさんは「陽当たりが良く、クロスやじゅうたんが変色するのは当り前だ。フローリングの傷は浅く塗装で済むはずだ。金額が高すぎる。全く納得できない」と言います。

【解決へのアプローチ】

原状回復ガイドラインは、トラブルの未然防止の観点から現時点において妥当と考えられる一般的な基準として、⑴損耗等の区分と負担区分の考え方、⑵経過年数による負担割合の考え方、⑶負担対象範囲の考え方を示しています。本件をガイドラインに照らすと、借主に、①の張替え費用の負担義務はない、②の張替えは負担が必要と考えられるが負担割合を考慮することが必要、③は塗装による補修が可能であればその費用を負担すればよい、④は落書きをした面の張替え費用の負担をすればよく、負担割合も併せて考慮することが必要と考えられます。借主の負担部分及び負担金額をもう一度検討することが必要です。

検査をします
洋室じゅうたん張替え
キッチンCFシート張替え
フローリング部分張替え
壁クロス張替え
原状回復費用として計30万円です
敷金20万円を預っておりますので差額は10万円です
原状回復費用
ちょっと待ってくれ
陽当りがいいからじゅうたんやクロスが変色するのは当然だ
フローリングも塗装で済むはずだ
30万円の工事費用は高すぎる
納得ができない

もう一度検討してみましょう
原状回復のガイドラインは一般的な基準として3つの考え方を示しています
まず、損耗等の区分と負担区分の考え方
損耗等は3つに区分できます
〈1〉自然損耗
建物・設備等の自然的劣化・損耗等――日照による畳・クロス・床材の変色や設備機器の通常使用による故障等――
〈2〉通常損耗
借主の通常の使用による損耗で、電気製品による電気ヤケや家具の設置跡等
〈3〉借主の責めに帰す損耗
借主の不注意、過失など注意義務違反による損耗

この場合〈1〉と〈2〉は当初から想定される損耗だから、賃料に含まれていると考えられます。借主の負担にはなりません
〈3〉に関しては借主の負担となります
次に、経過年数による負担割合の考え方です
内装や設備等は経過年数が多いほど損耗が大きくなり、年数が多いほど借主の負担割合は減少していきます
最後に、借主の負担対象範囲の考え方です
原状回復は毀損部分の復旧をすることなので、可能な限り、毀損部分に限定して補修を行うことが基本です

本件の場合
じゅうたんの家具の設置跡・変色に関して借主の負担はありません
CFシート全体のキズに関しては、張替え費用の負担も仕方ありません
ただし、負担の割合を考えます
フローリングのキズ
毀損部分の塗装補修で回復できるならその負担分でよい
壁クロスの落書きや破れについて
落書きなどの部分の張替え費用の負担でよい
その場合も負担割合を考慮します
ガイドラインの3つの考え方を基準に、借主の負担額をもう一度算定してみましょう
はい

6 敷金精算②――タバコによる損害

2年居住したアパートの借主Hさんが退去することになりました。荷物の搬出が終わり、Hさんと部屋の確認を行いました。和室の畳にタバコの焦げ跡が2カ所あり、壁・天井のクロスは喫煙が原因と思われる汚損が見られました。Hさんの入居時には、畳の表替え、クロスの張替えを行い新しい状態で賃貸しています。原状回復費用として、畳1枚分の表替え費用、天井・壁クロスの張替え費用の7割分を借主負担として請求しました。ところがHさんは「タバコは吸っていたが、それほど酷い汚れではない。クリーニングで落ちる程度のヤニは通常損耗の範囲で、負担する必要はないことになっているはずだ」と言います。

【解決へのアプローチ】

国土交通省は、平成23年8月、「原状回復ガイドライン」の再改訂版を公表しました。再改訂版ではタバコ等のヤニ・臭いについて、これまでの通常のクリーニングで落ちる程度のヤニは通常の損耗の範囲との考え方を修正して、「喫煙等によりクロス等がヤニで変色したり臭いが付着している場合は、通常の使用による汚損を超えるものと判断される場合が多いと考えられる。」との考え方を示しました。喫煙による汚損・臭いは次の入居者の契約の判断に大きな影響がありますので、貸主は張替えを余儀なくされます。喫煙をした借主は相応の負担をすべきと考えます。喫煙特約を付し、あらかじめ借主の負担を明確にしておくことが大事です。

部屋の確認をいたします
畳にタバコの焦げ跡、壁や天井もヤニで汚れています
畳の表替え費用、天井と壁クロスの張替え費用の7割分が借主負担となります
タバコは吸っていたが天井や壁はクリーニングで汚れは落ちるだろう
確かに軽度の汚れはクリーニングで落ちるかもしれません
しかし天井や壁についたタバコの臭いまで落とせません
タバコ臭は後々まで残ります
タバコの臭いがあると借りてもらえません

平成23年8月のガイドラインではニオイが付着している場合、通常の使用による汚損を超えるものとしています
タバコの臭いは部屋全体に付着してしまいます
そんな…
壁や天井に除去できないタバコの臭いを付着させて損害を与えていることになります
ええ?
そんなに臭うかなあ…
マヒしているだけです
とても臭いますよ
タバコは体にも物件にも悪いのです
禁煙します

7 敷金精算③――クリーニング費用

賃貸マンションの一室の借主Iさんが退去しました。賃貸借契約書には「本契約が解除等により終了したとき、借主は本物件を原状に回復して貸主に返還しなければならない。借主が原状回復をしない場合、貸主は別表に基づき算出した費用を借主に請求できる。また、借主は室内クリーニング費用として別表の金額を支払うものとする」との特約があります。Iさんに補修工事費用8万円とクリーニング費用3万5千円の敷金精算書を送付したところ「部屋はキレイに使用しており、できる限りの清掃をして出た。立会いのときにも『キレイですね』と確認したではないか。クリーニング費用は負担できない」と言います。

【解決へのアプローチ】

敷金精算トラブルの中で一番多いのが、このクリーニング費用の負担に関するものです。大半の契約書に何らかのクリーニング特約があるようです。特約の効力については裁判所においてもたびたび争われていますが、「有効」、「無効」、事案に応じてそれぞれの判断が示されています。原状回復ガイドラインでは、借主には〝通常の清掃義務〟があることを示しています。借主は貸主の建物を借りて使用していたわけですから、返すときにはキレイにして返すのは常識であり、当り前のことだからです。借主が、ガイドラインで示す「通常の清掃」を行っていれば特約の有無にかかわらず、それ以上の負担義務はないと考えられます。

きれいにお使いになってましたね
掃除はこまめにしてたし、退去の際も清掃したからね
敷金精算書は郵送させていただきます
原状回復費用として補修工事費用とクリーニング費用の敷金精算書が送られてきたぞ
きれいに使っていたし、チェックのときも問題なかったはずだ
賃貸借契約書にはクリーニング費用の特約があります
特別汚したつもりはない。補修費用はしかたないがクリーニングの費用は納得できない
このクリーニング費用は敷金精算のトラブルで一番多い問題です

ガイドラインでは専門業者による全体のハウスクリーニングについての考え方があります
借主にクリーニング費用の負担が生じるかどうかは借主が通常の清掃をしていたかどうかによります
ゴミ撤去や掃き掃除、拭き掃除、水回りやレンジ、換気扇の汚れなどは通常にされていました
プロの業者が行うクリーニングを求めているわけではありませんよ
この場合には特約の有無にかかわらず借主の負担義務はないと考えていいでしょう
借主が貸主の建物を返すとききれいにしておくのは常識です。それがなされていればそれ以上の負担義務はありません

8

敷金精算④——ペットによるキズ

賃貸アパートの借主Jさんが退去することになり、退去時の立会いを行いました。このアパートでは、鳴き声などで他の入居者に迷惑をかけないことを条件にペットの飼育も認めています。Jさんは小さな犬を飼っていました。部屋を確認すると壁クロスの数カ所に犬がつけたと思われるキズ、床のカーペットの数カ所に犬のお漏らしの跡と思われる変色があり、臭いも残っています。部分補修は困難であることから、原状回復費として、①キズのある部屋の壁クロスの張替え費用、②カーペットの張替え費用、③全体の消毒費用を請求しました。ところがJさんは「ペット飼育可のアパートであり、張替え費用を請求するのは不当だ」と言います。

【解決へのアプローチ】

ペットの飼育を認める賃貸マンション、アパートも少しずつ増えているように思われますが、ペット飼育を前提とした仕様、設備が完備されているものは少ないようです。本件のアパートもペット飼育用の仕様にはなっていません。借主はペット飼育を認めたアパートだから、ペットがつけたキズ等について補修費用を負担する必要はないと主張していますが、これは間違った主張です。特段に補修を免除する特約等がない限り、借主にはペットにより生じさせた損害を賠償する義務があります。ガイドラインの考え方を基準に借主の費用負担額を算定しましょう。消毒費用の借主負担もやむを得ないでしょう。

さあ
お引越し
でちゅよ
このクロスのキズやカーペットのシミはペットによるものですね
ペットじゃなくてリリィちゃんよ
原状回復費用として壁クロスの張替え、カーペットの張替え、消毒消臭費用を請求させてもらいます
ちょっと
このアパートはペット可だったわ。そんな請求は不当よ
ねえリリィ
そうだワン
リリィちゃんがつけた傷の補修費用は負担していただきます
補修免除の特約はありません
ペットによる損害は賠償する義務があります

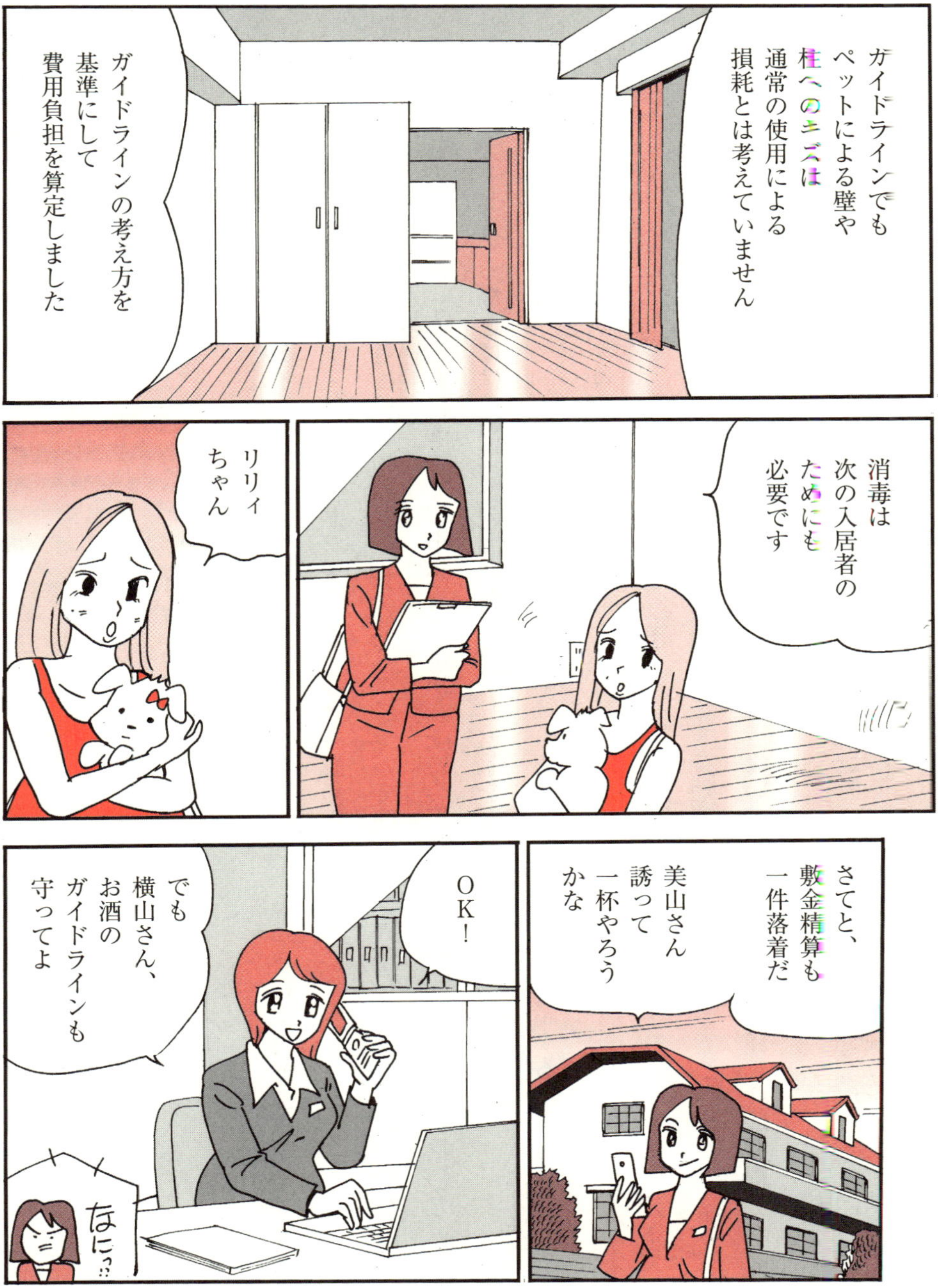
ガイドラインでもペットによる壁や柱へのキズは通常の使用による損耗とは考えていません
ガイドラインの考え方を基準にして費用負担を算定しました
消毒は次の入居者のためにも必要です
リリィちゃん
さてと、敷金精算も一件落着だ
美山さん誘って一杯やろうかな
OK!
でも横山さん、お酒のガイドラインも守ってよ
なにっ!?

「あとがき」にかえて

チェック問題を10問用意しましたので、チャレンジしてみて下さい。
正しいと思われるものには○、誤っていると思われるものには×をつけてください。

1. □ 借受希望者が他県在住の遠隔地であるなど、特別の事情があるときは例外的に重要事項説明書を郵送して取引主任者が電話で説明することも認められている。
2. □ 媒介（仲介）業者は、建物の「隠れた瑕疵」について瑕疵担保責任を負うことは一切ない。
3. □ 媒介業者は、申込金について、申込書又は預り証に「返還しない」旨を明確に記載して説明をしている場合には、申込みの撤回があっても返還を拒否できる。
4. □ 連帯保証人は、契約更新時に連帯保証を更新後も引き受けることを承諾する意思表示をしていないときでも、更新後についても保証責任を負う。
5. □ 「貸主が借主に対し、期間満了日の6カ月以上前に更新をしない旨を通知したときは、本契約は更新されずに終了する」特約は、原則として有効である。
6. □ 定期借家契約は、原則として更新することはできないが、当事者間で合意すれば更新することも可能である。
7. □ 平成12年4月1日以降に締結された普通借家契約は、定期借家契約に切換えることが可能である。

8. □「借主は建物の明渡しに際し、畳の表替え、襖の張替を自己の負担で行うものとする」旨の特約は、借主に一方的に不利な特約であり原則として無効である。

9. □ 借主の原状回復費用（敷金精算）の少額訴訟において、損傷・汚損等の損害を借主が生じさせたことの立証責任は貸主にあるとされている。

10. □ 原状回復ガイドラインは、借主の居住年数（賃借期間）に応じて原状回復費用の負担割合を算定する考え方を示している。

《解答》

1. × 郵送による重要事項説明は認められていません。
2. ○ 媒介業者が瑕疵担保責任を負うことはありません。瑕疵の存在を知っていて告げなかったときには媒介責任（債務不履行責任又は不法行為責任）を負うことになります。
3. × 申込金は、いかなる理由があっても返還を拒むことはできません。
4. ○ 最高裁 平9・11・13判決は、更新後も責任を負うと判示しています。
5. × 無効です。貸主は「正当な事由」がない限り、更新を拒絶することはできません。
6. × 更新はできません。期間満了により必ず終了します。ただし再契約は可能です。
7. ○ 可能ですが、借主の合意が必要です。強制的に切り替えることはできません。
8. × 特約は強行法規に反しない限り、原則として有効です。

9. ○ 立証責任は貸主にあります。

10. × 居住年数ではなく、経過年数により負担割合を算定する考え方を示しています。

MEMO

● MEMO ●

■著者略歴

村川　隆生（むらかわ　たかお）

昭和48年　福岡大学法学部卒業後、福岡の地場工務店勤務
昭和53年より　三井ホーム㈱福岡・横浜・名古屋各支店勤務
昭和61年より　三菱地所住宅販売㈱（現・三菱地所リアルエステートサービス㈱）　東京本社・横浜・九州各支店勤務
平成12年より　㈶不動産適正取引推進機構勤務
調査研究部調査役、研究課長を経て、現在は上席主任研究員

（主な取得資格）
・宅地建物取引主任者
・一級建築士
・マンション管理士（未登録）

（主な著書）
『不動産売買トラブルの実例と解決』

（その他）
業界団体主催の法定研修会、県・市主催の消費者セミナー、消費者団体主催の相談員養成講座、その他の講師として、全国で講演

■監修

財団法人　不動産適正取引推進機構

不動産適正取引推進機構は、不動産に係わる紛争の未然防止と、適正迅速な処理の推進を図り、消費者の保護と宅地建物取引業の健全な発展に寄与することを目的として、昭和59年４月に発足。主な業務は、１.特定紛争処理、２.宅地建物取引主任者試験の実施、３.宅建OAシステムの管理・開発、４.調査研究・広報出版など。
ホームページはhttp//www.retio.or.jp

図解不動産業
建物賃貸借《たてものちんたいしゃく》トラブルの実例《じつれい》と解決《かいけつ》　改訂版

平成22年12月24日　初版発行
平成25年３月28日　改訂版発行

村《むら》川《かわ》隆《たか》生《お》　著
藤《ふじ》井《い》龍《りゅう》二《じ》　画

発行者　中　野　孝　仁
発行所　㈱住宅新報社
編　集　部　〒105-0001　東京都港区虎ノ門３－11－15（SVAX TTビル）
（本　社）　電話（03）6403-7806
出版販売部　〒105-0001　東京都港区虎ノ門３－11－15（SVAX TTビル）
電話（03）6403-7805

大阪支社　〒541-0046 大阪市中央区平野町1-8-13（平野町八千代ビル）　電話（06）6202-8541㈹

＊印刷・製本／大村印刷㈱
落丁本・乱丁本はお取り替えいたします。

ISBN978-4-7892-3583-9 C2030